中国校本教研与校本课程数字出版平台
中国校本教研网 www.schooledu.com.cn
◎特别推荐◎

科技部教育部『中小学科学探究学习与创新人才培养机制实验研究』项目研究成果

创新人才培养

校园科普精品课程开发与指导

人大附中创新人才培养实践探索

刘彭芝◎顾问
罗　滨◎主编

组编单位　科技部教育部『中小学科学探究学习与创新人才培养机制实验研究』项目组

江苏教育出版社

图书在版编目（CIP）数据

校园科普精品课程开发与指导：人大附中创新人才培养实践探索/罗滨主编. —南京：江苏教育出版社，2013.3
ISBN 978-7-5499-2599-5

Ⅰ.①校… Ⅱ.①罗… Ⅲ.①科学技术—活动课程—中学—教学参考资料 Ⅳ.①G633.73

中国版本图书馆 CIP 数据核字（2012）第 312168 号

书　　名	校园科普精品课程开发与指导——人大附中创新人才培养实践探索
主　　编	罗　滨
责任编辑	翟晶晶　马春霞
出版发行	凤凰出版传媒股份有限公司
	江苏教育出版社（南京市湖南路1号A楼　邮编 210009）
苏教网址	http：//www.1088.com.cn
照　　排	润星之源文化有限公司
印　　刷	九洲财鑫印刷有限公司
厂　　址	河北省三河市灵山大口
开　　本	787 毫米×1092 毫米　1/16
印　　张	15.5
字　　数	240 千字
版　　次	2013 年 3 月第 1 版　2013 年 3 月第 1 次印刷
书　　号	ISBN 978-7-5499-2599-5
定　　价	30.00 元
网店地址	http：//jsfhjy.taobao.com
邮购电话	025-85406265，85400774　短信 02585420909
E - mail	jsep@vip.163.com
盗版举报	025-83658579

《创新人才培养系列》

编委会名单

序 言

在中国，对创新人才培养的期盼，从来没有像今天如此强烈。1999 年，《中共中央国务院关于深化教育改革全面推进素质教育的决定》（中发〔1999〕9 号）中就指出要转变教育观念，改革人才培养模式，积极实行启发式和讨论式教学，激发学生独立思考和创新的意识，切实提高教学质量，培养学生的科学精神和创新思维习惯。2001 年，《国务院关于基础教育改革与发展的决定》（国发〔2001〕21 号）及教育部颁布的《基础教育课程改革纲要（试行）》（教基〔2001〕17 号）中，都进一步强调要重视培养学生的创新精神和实践能力，为学生全面发展和终身发展奠定基础。

在《国家中长期教育改革和发展规划纲要（2010－2020 年）》中，对“创新人才培养”的论述更加深刻、全面。该文件指出，创新人才培养是一个系统工程，要努力发挥各学段、各环节、各要素在创新人才培养方面的积极作用；要做好小学、中学、大学有机衔接，教学、科研、实践紧密结合，学校、家庭、社会密切配合；大力推进教育教学改革，探索多种培养方式。

为贯彻中共中央、国务院关于创新人才培养的重要指示精神，从 2009 年起，我们积极承担了科技部“创新方法工作专项”中的重要课题“中小学科学探究学习与创新人才培养机制实验研究”（项目编号：2009IM010300），并成立了“中小学科学探究学习与创新人才培养机制实验研究”项目组，着重探索、研究在基础教育领域推进科学探究学习与创新人才培养的工作机制与模式。

在科技部条件财务司、教育部基础教育二司和 21 世纪议程管理中心的指导下，我们遴选当前基础教育领域的知名专家成立了项目专家指导工作组，并在全国建立起三大实验区和125所项目试点学校。经过近三年的研究、实践，该项目带动了试点校整体办学水平的提高，特别是促进了基于学科的科学探究活动的广泛开展和推广。各试点校呈现出中小学生主动参与科学探究活动，学习兴趣浓厚，积极思考、乐于交流的良好风气，有力地促进了中小学生的自主与个性发展，培养了积极健康的科学态度和科学精神。而且，很多学校还形成了有代表性的人才培养模式。

为更好地传播、推广项目研究成果，使更多中小学校师生受益，我们选编了部分项目研究成果，希望在更大范围内深入推进我国中小学校的科学探究学习与创新人才培养工作。

中小学科学探究学习与创新人才培养机制实验研究项目组

2012年12月6日

目 录

CONTENTS

序

尊重个性，挖掘潜力，营造健康科学的校园氛围，全面提升学生的素质，着重培养创新精神和实践能力，这些一直是我的教育追求。

1998年，在著名天文学家、中科院院士、原北京天文台台长王绶琯先生倡导下，61名科学家联名支持成立了北京青少年科技俱乐部活动委员会，北京市科协的周琳和李宝泉老师问我是否有意让学生参加活动。我想，中学时代是学生创造力最强的时期，应当多给学生发展创造力的机会，所以我当即表示坚决支持。这样，人大附中成为该委员会的基地校。我安排年轻有为的教师负责这一项目，带领学生参加活动。十年来，学生在科技俱乐部里听科学家报告，参观实验室，到野外考察甚至在科学家身边进行科学研究，这些丰富多彩的活动让学有余力的学生获益匪浅。

2008年6月7日，王绶琯院士、周琳老师再次来到人大附中，介绍北京青少年科技俱乐部“校园科普”项目。这是为初中学生设计的科普课程。沟通、讨论后，我认为可以在人大附中初二年级尝试以必修课的形式开设“校园科普”课。从2008年9月开始，初二年级的每位学生均需每周用2课时历经半年学习该课程，实践“一个班、一个学期、一个课题、一套展板、一次报告”的过程。人大附中“校园科普”课程不但在校内开设，而且还将课堂延伸到校外，学生通过亲自撰写科普报告文章，亲身经历制作展板、演讲宣传等环节，培养了“关注科学、热爱科学、传播科学”的精神，同时提升了收集、处理信息等多方面的能力以及团队合作意识。

2010年9月，海淀区教师进修学校的罗滨老师主持科技部科研项目“中小学创新人才的区域培养机制研究”，因为人大附中有了很好的课程实践基础，项目小组选择了“校园科普”课程作为精品课程建设的研究案例，联合人大附中与其他多所学校的教师从知识与技能、创新思维、创新人格三个方面对课程内容、教学设计、评价方案等进行梳理和完善，同时对课程内容、实施方式等诸多影响学生创新能力培养的因素进行了较为深入的研究。在此基础上，优化并进一步丰富了校园科普精品课程资源，使该课程的实施与创新能力的提高具有更强的相关性，为广泛开展校园科普、共享优质资源打下了坚实的基础。

我认为创新人才必备的创新意识和能力是在基础教育阶段开始形成的，因此在基础教育阶段必须注意发现和培养创新人才。要真正做到这一点，除了更新教育理念，还要建构适合的课程，营造浓厚的培养创新人才的校园氛围。构建必修课、选修课和特色课相结合的学校科技类课程，在校园里开展各类科普活动，让学生在科学活动中和科学家身边成长，是提高学生创新能力的必要途径。

此书诞生于人大附中校园科普项目活动之中，承载着推广科普教育改革、传播培养创新人才理念的重任。我希望随着此书的推广，更多的校园开出科普的花朵，更多的学生和教师从中获益，更多的创新型人才脱颖而出，是为序。

刘彭芝

2012 年 9 月

第一章

精品课程的开展背景及内涵

创新人才的培养任务绝不只是在大学里，基础教育同样肩负着培养创新人才的责任。人大附中的校园精品课程对培养创新人才发挥着重要作用，学校在精品课程的开发方面进行了可贵的探索和实践，积累了一些可资借鉴的经验。本章开宗明义，介绍了校园科普课程的缘起及开发建设的理论基础，分析了人大附中的特色及优势、精品课程资源的现状及需求、精品课程的内涵及要素，为进一步研究奠定理论基础。

当今世界科学技术的发展和我国社会经济的发展对创新人才的培养提出了更高的要求。《国家中长期教育改革和发展规划纲要（2010—2020 年）》提出要重点解决学生创新能力和实践能力的培养问题，这确立了全面提高教育质量和人才培养质量的改革思路，在人才培养模式的创新上，提出了“适应国家和社会发展需要，遵循教育规律和人才成长规律，深化教育教学改革，创新教育教学方法，探索多种培养方法”的指导思想。这份指引我国未来十年教育发展的纲领性文件将中国教育引入了新的起点，也为基础教育领域创新人才培养的实践和研究带来新的发展契机。

近些年，我们越来越深刻地认识到，创新人才的培养任务绝不只是在大学里，基础教育同样肩负着培养创新人才的责任。在中学教育阶段，首先要高度重视全体学生的身心健康发展，其次培养创新人才要从以下三个方面着手：知识、能力、人格。知识与技能、创新思维、创新人格是创新能力要素的核心内容，也是培养真正具有创新精神和实践能力的创新人才的基础。

2010 年初，北京市海淀区教师进修学校罗滨校长主持的科技部课题“中小学科学探究学习与创新人才培养实验研究”的子项目“中小学创新人才的区域培养机制研究”启动。该项目以人大附中“校园科普”为案例，进行了“‘校园科普’精品课程资源的开发与实践”专题研究。在学校领导刘校长、王校长的支持下，张冬梅、孙欣、韦小宁、刘瑾、范克科等老师展开了研究。

本研究在人大附中“校园科普”校本课程的原有基础上，结合创新人才、创新能力培养要素的定义，对原有课程资源进行总结梳理和优化改进，以提升课程资源的质量，形成精品课程资源包，一方面更加有利于课堂教学的顺利实施，提升教学质量，另一方面希望将来能发挥辐射作用，实现区域内资源共享。

第一节　校园科普课程的缘起

一、人大附中的特色及优势

中国人民大学附属中学是教育部直属重点学校，北京市首批示范高中。学校位于北京市中关村高科技园区的中心地带，校园占地142亩，是一所环境优美的花园式学校。在50多年的办学历程中，特别是改革开放以来，人大附中与时俱进、开拓创新，创造了辉煌的成绩。学校先后被教育部、北京市授予“北京市首批重点中学”“北京市首批高中示范校”“全国劳技教育先进校”“全国现代技术教育示范校”“全国教育系统先进集体”“北京市科技示范校”“全国网络文明工程绿色网络示范学校”等荣誉称号。

（一）学校的办学条件

学校有学生约5000人，不仅拥有现代化的教学设施、设备先进的学科实验室和专业教室，还有一支献身教育事业、具有高尚品德、教育观念先进、治学精神严谨、基础知识宽厚、专业知识精深、教学水平一流、育人艺术精湛、不断创新的教师队伍，其中包括33位特级教师（含退休返聘）以及48位具有博士学位或博士后经历的教师。近十几年来，学校在刘彭芝校长的领导下，与时俱进、开拓创新，着重培养学生的科学探究能力和科技创新能力。人大附中确立了“尊重个性，挖掘潜力，一切为了学生的发展，一切为了祖国的腾飞，一切为了人类的进步”的办学思想，遵循“爱是教育的最高境界、爱是自然流溢的奉献、尊重是教育的真谛、尊重是创造的源泉”的教育理念，以培养“全面发展＋突出特长＋创新精神＋高尚品德”的学生为目标，构建了促进学生个性发展的广度深度兼顾的课程体系，打造了一支高水平教师团队，开辟了早期人才培养、创新人才培养的试验田。

（二）学校的校本课程特色

在中学培养创新人才，除了要创新办学理念，更重要的是要优化课程方案，营造培养创新人才的氛围。就这些方面，人大附中进行了积极的探讨。人大附中为学生提供大量可供选择的课程，拓宽学生的知识面，增加学生在某一领域或某几个领域的知识储备，并且在学生感兴趣和擅长的领域内提供深入学习的机会和平台。多样化的校本课程给不同兴趣取向、不同能力特长的学生更多选择的空间。多年来学校构建了具有人大附中特色的、适应社会发展需要和学生自身发展需要的、统一性与灵活性相结合的课程体系。学校在 20 世纪 90 年代初就引进和开设了一些新课程，逐步形成了人大附中的特色课，如发明创造课、汽车模拟驾驶课、科学实践课、社会实践课、现代少年课、心理导向课、形体课、校园科普课等，至 2011 年初，学校共开设校本课程 200 余门，其中科技类校本课程近 80 门（见下表）。科技类校本课程是挖掘学生潜力、培养创新人才的重要途径之一。这些课程充分体现了学校“以学生的发展为本，全面提高学生的素质，重点培养创新思维和实践能力”的育人原则，改革了传统的课堂结构，拓宽了学生的知识视野，使学生的素质全面提高、个性健康发展。实践证明，校本课程的开设受到了学生的普遍欢迎。他们通过参加这些活动开阔了眼界，增强了自信，激发了学习兴趣，挖掘了学习潜能，培养了创新、实践和自主学习的能力。

学校科技类校本课程开设及实施情况一览表（截至 2011 年 1 月）

序号	课程名称	课时数（节）	授课教师	修学人数（人）	主要内容或特色
1	校园科普	36	张冬梅、刘瑾、孙欣、韦小宁、李志刚	700	以重大科学事件为选题，通过制作科普报道稿、完成展板和 PPT 制作的过程，教学生做科普。
2	算法与程序设计	36	袁中果	300	提升学生的程序设计能力。
3	网络技术应用	36	赵海涛	80	提升学生的网络技术应用技能。

续表

序号	课程名称	课时数（节）	授课教师	修学人数（人）	主要内容或特色
4	数据管理技术	36	阮海涛	80	提升学生的数据管理技能。
5	人工智能	36	叶金毅	50	研究内容非常广泛，包括模式识别、自然语言处理、智能机器人、机器证明、神经网络、博弈和符号运算等，是一门极富挑战性的科学。
6	多媒体技术应用	36	薛丽芳	50	让学生掌握多媒体应用技术，体会多媒体技术的魅力，提高信息技术素养。
7	网页设计	18	谢宜	80	提升学生的网页设计能力。
8	智能机器人初级	18	袁中果	40	提升学生的机器人应用技能。
9	苹果电脑多媒体制作	18	袁继平	40	提升学生的多媒体应用技能。
10	苹果电脑数字创意	20	袁继平	50	引导学生设计电脑作品、发挥创意。
11	建筑及其设计	28	李作林	50	引导学生亲自动手制作、设计建筑模型。
12	汽车驾驶与保养	14	韩海燕	50	引导学生初步学会汽车驾驶技术和例行保养的基本方法，增强交通安全意识和环保意识。
13	简易机器人制作	28	马勇	50	借助现有机器人开展课程，降低难度、启迪智慧、开阔视野、普及知识、传授技术。
14	服装及其设计	28	沈霞	30	学习简单的服装设计与制作的技术方法，让学生成为美的发现者、创造者、传播者。

续表

序号	课程名称	课时数（节）	授课教师	修学人数（人）	主要内容或特色
15	电子控制技术	28	修金鹏	50	电子自动控制技术的科普启蒙；结合高中学习使学生学以致用；培养学生的动手能力和创新设计能力。
16	狭义相对论	18	胡继超	50	进一步拓展提高，理解牛顿的绝对时空观和爱因斯坦的相对论时空观的区别和研究方法。
17	热机	16	李晓东	50	引导学生参加物理竞赛。
18	电磁学应用	18	吴月江	50	有助于学生深入理解和牢固掌握理论知识；培养学生的动手实践能力和创新思维。
19	物理学中的数学方法	12	李永乐	50	为物理特长生打下较好的数学基础。
20	互动物理系列——Matlab 模拟实验	18	贾砚宾	50	借助 Matlab 这个帮手，如果学生原本就善于思考物理问题，那么现在学生将更能发挥其创造力，能更好地利用其数学和物理方面的天赋。
21	实验化学	28	刘绍兴	50	引导学生理解化学反应，激发学生学习化学的兴趣。
22	地理信息技术应用	28	崔登才、王佳雨	50	引导学生了解地理信息技术在生产和生活中的广泛应用，培养学生进一步学习和探究地理信息技术的兴趣。
23	宇宙与地球	28	王育宏	50	拓展学生的知识视野，增强学生探索宇宙奥秘和地球奥秘的兴趣。

续表

序号	课程名称	课时数（节）	授课教师	修学人数（人）	主要内容或特色
24	海洋地理	40	张莉	50	主要围绕“探索海洋奥秘”“开发海洋资源”“保护海洋环境”和“维护海洋权益”等方面，突出“学习有用的地理”，培养公民必备的地理素养。
25	环境保护	28	闫桂红	50	主要围绕“环境与环境问题”“环境污染与防治”“自然资源的利用与保护”“生态环境保护”“环境管理及公众参与”五个方面的问题展开。
26	城乡规划	28	王海玲	50	有助于高中文科学生增加自己的人文地理知识的积累，提升学生的文科综合素养，为学生提升文科综合能力打下坚实的知识基础。
27	初一生物实验	20	李彬、樊颖、姚翔翔	30	使学生初步掌握生物实验的基本技能，了解生物学研究的基本方法，体验生命科学的研究过程。
28	初二物理实践	20	王志平	30	扩展课堂内容，加深学生对初二物理知识的理解和应用。
29	初二物理自主实验	20	庄玲	30	从实验目的、原理、器材、步骤、数据处理、误差分析及实验中应注意的事项等方面给予学生详尽的指导。

续表

序号	课程名称	课时数（节）	授课教师	修学人数（人）	主要内容或特色
30	趣味物理实验与电子制作	20	吴月江、王玉丽	30	让学生亲自动手进行趣味性物理探究实验和电子制作，增强初中学生对科学的兴趣，培养学生的探索精神和求知欲。
31	话说宇宙	20	林元章	30	使学生对地球环境和太阳系、宇宙构造有所了解，从而理解各种天文现象和事件的意义，增加对天文学的兴趣。
32	科幻物理学	20	王琦、宓奇、李志刚	30	通过现代技术和丰富的想象力，结合物理知识，从超现实的科幻作品中挖掘物理学的原理，对于前瞻性问题做更理性的预测。
33	神秘的地球	20	王成凤、林云芳	30	讲述地震的发生原因、地震分布、地震的危害，激发学生对自然科学的兴趣，提高学生学习科学知识的积极性。
34	天文观测基础与实践	20	王育宏	30	介绍基础天文学的主要内容，按照天文学导论的体系选择适合中学生学习的基础内容。
35	药用植物学	20	周保金	30	本课程的教学重点是：药用植物的名称、科、属，主要有效成分，主要药理作用，主要临床应用，主要不良反应、禁忌。

续表

序号	课程名称	课时数（节）	授课教师	修学人数（人）	主要内容或特色
36	初二生物选题实验	20	姚郁、毛艳	30	让学生在具备一定基础知识和基本技能的基础上，通过实践探究体验科学研究的过程，同时提高实验技能、培养创新意识和科学素养。
37	高二生物选题实验	20	闫新霞、吕继华、肖乐和、王润英	30	引导学生掌握相关实验操作技能以及数据收集的方法、学习分析实验现象、获得实验结果、初步学会实验设计并设计实验方案。
38	微生物与生活	20	周保金	30	通过本课程的学习，学生掌握微生物的一些基本知识，为以后的研究性学习打基础。
39	遥感与气象	20	梁泽环、翁祖平、蔡则怡	30	本课程介绍各种遥感卫星的原理、性能及用途，引导学生了解和认识大气，利用其有利条件，并对其不利条件进行调节、防御和控制。
40	预备医生	20	管旭	30	引导学生学习基本的医学常识、救护方法。
41	组织培养与生物技术	20	关秀清	30	促进学生对组织培养及现代生物技术的进一步了解，增强学生对生命科学的兴趣。
42	互动物理 I	20	宓奇、贾砚宾	30	利用信息技术（包括建模软件 Interactive Physics、Crocodile Physics 等）辅助研究和解决问题，深化、巩固和扩展学生课内所学物理概念和规律。

续表

序号	课程名称	课时数（节）	授课教师	修学人数（人）	主要内容或特色
43	科学研究课程	20	齐文静	30	本课程在讲授基本科研方法的同时，将组织学生独立设计、完成适应其认知水平的科研项目，使学生在亲历科研的过程中体会科研精神，打下良好的科研基础。
44	走进生物学科实验	20	毛艳、康爱军	30	为一部分学生创造一定的条件，使学生能够掌握生物实验的基本技能。
45	视觉生物学——人体探秘	20	孙欣、管旭、吕继华	50	通过观看视频、活动和讲解、讨论结合的方式来补充生物课中未涉及的生物学知识，以拓展初中生的生物学视野，增加学生的学习兴趣。
46	激光的奥妙	20	单焕炎	50	使学生通过学习进一步了解激光的原理和现代应用技术。
47	初二电路入门与设计	20	王志平	50	引导学生认识电路及电路的各种变化，按使用要求设计、组装一些有趣的电路。
48	飞行原理与国内外飞机综述	20	齐寿祥	50	飞机飞行原理与国内外飞机发展史。
49	无处不在的电子	20	葛霁	50	通过课程讲解和图文演示，使学生了解“电子”在众多的日常和高新技术中的活动。
50	神奇的纳米科技	20	李悌兴	50	通过课程讲解和图文及视频演示，使学生对纳米科技有大概的了解、扩大知识面、提高对高新技术的兴趣。

续表

序号	课程名称	课时数（节）	授课教师	修学人数（人）	主要内容或特色
51	金鹏科技论坛——清洁空气挑战	20	刘海青	50	引导学生探究改善空气质量的方法并且获得相应的技能和知识，即运用数学和科学知识解决生活中的问题。
52	信息学奥赛（初级班）	20	任映波	50	引导学生掌握C语言的基本方法，使用简单算法解决实际问题。
53	简明物理学史（初级班）	20	徐良云	50	培养学生的科学思维，使学生的知识立体化。
54	简明物理学史（高级班）	20	徐良云	50	对物理学的知识、理论和方法的发生与发展规律的研究。
55	力学专题讲座	20	徐硕昌	50	介绍力学基本理论及应用。
56	Java程序设计入门	20	薛丽芳	50	通过这门课程的学习，学生学会基本的编程技能和面向对象的思想。
57	我们与灾害	20	闫桂红	50	研究自然灾害的种类、分布、成因、防御的措施，使学生能正视灾害。
58	DP801单片机系统入门	20	任映波	50	介绍单片机的基本工作方式，了解单片机的工作过程。
59	DV短片拍摄和制作	20	彭惠群	50	为有潜质的学生打下一定的基础，让学生过一回自己当导演、摄影、剪辑甚至演员的瘾，体会创造一部影片的乐趣。

续表

序号	课程名称	课时数（节）	授课教师	修学人数（人）	主要内容或特色
60	电脑作品制作	20	盛丹	50	通过本门课的学习，学生能了解全国中学生电脑制作大赛的赛程、规则；欣赏、点评历届大赛的优秀作品；学习、应用电脑制作的常规软件；完成个人作品。
61	发明与创造	20	竺豪桢、李作林	50	重点在于选项和设计流程把关，完成创新项目的论证和结构设计，为优秀作品的物化和选拔奠定基础。
62	国防与轻武器	20	马式曾	50	引导学生了解轻武器知识，提高国防意识。
63	机器人活动及工程设计	20	马勇	50	使学生接触和了解最基本的机器人技术；让学生在编写程序的过程中了解编程知识，学习编程思想，并体验如何利用程序进行控制，为机器人比赛做准备。
64	机器人项目的实现与竞赛	20	袁中果	50	使学生通过专题学习提高机器人专业知识与素养，通过项目实现提高操作技能和培养团队精神。
65	建筑模型、船舶模型制作	20	王泽民、韩嘉强	50	使学生学会建筑模型、舰船模型的制作，为参加全国比赛打下基础。
66	金鹏科技论坛	20	高茹、辛宝平	50	强调学生独立完成研究方案、研究资料、研究报告、工作日志，注重学生对活动过程的体验。

续表

序号	课程名称	课时数（节）	授课教师	修学人数（人）	主要内容或特色
67	能力风暴智能机器人（初级班）	20	阮海涛	50	提高学生在逻辑分析、程序设计、传感应用、计算机技术、团队协作等方面的综合素质。
68	苹果电脑数码生活小组	20	袁继平	50	引导学生掌握苹果计算机操作系统的使用、使学生学会使用大量的基于 macos 的应用程序。
69	数码摄影	20	彭惠群	50	通过本课程的学习，学生除了可以迅速而全面地了解数码摄影基本技术之外，还将学习数码图像处理，在拍摄之后，发挥无限创意，处理图像，创造精彩画面。
70	陶艺	20	纪金华	50	集动手、动脑、审美等功能于一体，给学生提供了广阔的想象空间，可以充分展示学生的创造力和个性。
71	头脑创新思维竞赛（DI）	20	李作林、马佳佳	50	主要目的是培养青少年的创造力和敏捷的思维能力，培养学生的团队合作精神、时间管理能力，使学生学会创造性地解决问题。
72	网络应用与管理	20	赵海涛	50	带领学生了解网络发展的最新动态、最新的网络技术、Internet 的最新应用、Windows2003 服务器的配置管理，让学生亲自参与人大附中的网络建设。

续表

序号	课程名称	课时数（节）	授课教师	修学人数（人）	主要内容或特色
73	信息学奥赛（初级）	20	任映波	50	学生通过学习本课程，了解编写程序的基本步骤，掌握一些基本算法，为参加北京市信息学奥赛做初步的准备。
74	数字媒体与艺术	20	乐大山	50	引导学生了解数字媒体这一领域的特色并学习一些基本技术，培养学生的兴趣，提高学生的能力。
75	电脑广告艺术设计	20	李秀慧	50	采用互动式的教学方式，传授有关平面广告设计及制作的知识。
76	网页制作（基础班）	20	谢宜	50	这是一门有创造性、带给学生成就感的课程。
77	陶艺选修课	20	韩嘉强	50	引导学生掌握陶瓷制品的主要制作过程，提高动手能力，提高造型设计能力。
78	模型选修课	20	纪金华	50	培养学生的动手能力，让学生学会有关零件的设计、改进与调试。
79	Student Planet（学生世界）——中美中学生网上文化交流（初中）	20	袁继平、陆源、刘美	50	学生通过本课的学习，了解美国文化，加深对中国文化的理解与认识，宣传介绍中国文化，形成跨文化交际的意识和培养跨文化交际的能力。

人大附中自20世纪80年代以来，在因材施教、个性化发展的素质教育理念指导下，以挖掘学生潜能、全面提高学生的素质为目的，在中学层面进行了创新人才培养的探索与实践，形成了较有成效的培养模式，如学校成立了学生

科技俱乐部、少年科学院，参加“北京市人才培养计划”“北京青少年科技俱乐部”“科教合作”“翱翔计划”，每年选送学生到大学实验室做课题研究等，获得了累累硕果，培养出了一大批特长突出、全面发展的优秀人才，为我国素质教育与创新教育的理论与实践做出了自己的贡献。

（三）学生的学习成果

人大附中先进的办学理念和前瞻性的教育创新使大批优秀学生脱颖而出。近年来，上千名学生以其杰出的创造力和优异的成绩在国际奥林匹克学科竞赛、英特尔国际青少年科学与工程大赛、全国青少年科技创新大赛、“明天小小科学家”评比等国际、国内各类竞赛中取得了令人瞩目的成绩。

二、校园科普课程的缘起

20 世纪 90 年代以来，创造教育、创新人才培养成为教育领域的热点。1999 年 6 月，经 61 位院士、专家倡议建立北京青少年科技俱乐部，由中科院资深院士王绶琯担任主任、周琳老师担任秘书长。俱乐部成立以来，便开始开展旨在帮助有志于科学研究的高中学生“走进科学”的科研实践活动，引导有志于科学、学有余力的优秀高中学生进入我国第一线的科研团组体验科研，从中发现“科学苗子”，为培育杰出的科学后继人才铺路搭桥。为了引领更多的孩子“走近科学”，2006 年，王绶琯院士发起并组织在初中阶段进行基本科学素质教育的“校园科普”，首先在北京志愿参加的中学开展试点实验。该项目在积累选题的同时探索适合各个学校的“校园科普”辅导步骤及评价方案，旨在提升学生的科学素养、在校园内营造科普氛围。

在现有的初中教育中，随着素质教育改革的推进，各学校都很注重培养学生的创新探究意识和解决实际问题的能力，但缺少培养学生科学素养的专门科学课程。在科学技术快速发展的今天，培养学生关注科学、尊重科学和理解科学的意识和能力的问题不容忽视。在初中阶段设置“校园科普”这样的科学课程将有利于每一个学生科学素质的培养和提升。正是基于这样的考虑，人大附中的刘彭芝校长在与王绶琯院士沟通交流后，决定在人大附中初中二年级尝试开设“校园科普”必修课，以课程的形式推进。这样，一位科学家和一位教育家联手，使“校园科普”成为人大附中的一门必修课程。

2008 年 6 月在刘校长的大力支持和王绶琯院士的亲自指导下，人大附中形成课程研发团队。由时任人大附中教学副校长的罗滨带队，组织生物老师张冬梅、孙欣，地理老师刘瑾、韦小宁和物理老师胡展翅展开课程研发与实践。多学科教师参与此项工作，保证了将来能在多个领域开发选题，引领学生在不同领域关注科学，提升学生的科学素养。之后，学校建立了教学校长主抓、院士专家指导把关、教师团队定期研讨的工作机制。在短短三个月的时间里，教师认真学习、领会王老“校园科普”课程的思想和理念，策划人大附中课程实施方案，研讨课程实施环节及策略，具体到每一节课的每一个环节，如这一环节的任务是什么，通过什么方式组织实施，通过什么方式调动学生的积极性等。先期的准备工作做得非常细致，为新学期开课做了充分准备。2008 年 9 月“校园科普”正式列入人大附中初二年级的课表，第一学期八个班正式开课。在随后的深度实践探索中，研发团队依然定期进行备课研讨，适时组织阶段性研讨，包括每周一次集体备课、每学期一次校内研讨和由科技俱乐部组织的校际间研讨。教师逐渐摸索，不断改进，初步形成一套人大附中“校园科普”课程的实施方案和模式，为进一步开展精品课程资源建设奠定了基础。

科技人才的培养需要有更广泛的参与群体，需要有更深厚的校园科技文化。“校园科普”必修课程的开设丰富了这一群体的内涵，营造了更加浓厚的校园科技文化氛围。

三、精品课程资源的发展现状及需求

人大附中“校园科普”课程是学校科技教育课程化的尝试，截至 2010 年 9 月，“校园科普”在人大附中已经开设了两年时间，共进行了四轮实验。在这两年时间里，人大附中“校园科普”课程教师团队在原有三个选题的基础上研发了三个新的选题，积累了与选题相关的图片、视频等各类教学资源以及科普报道稿、展板、演讲 PPT 等各类学生作品，探索出一套“校园科普”必修课程的实施方案，创办了人大附中“校园科普日”系列活动，营造了浓厚的校园科普氛围。每到学期末，教师都会为学生精彩的科普报告和制作精美的展板感到欣慰，因为他们看到，学生经过一个学期学做科普的过程，在关注科学、传播科学的意识和能力方面确实有了很大的进步。可以说课程的开展和实施取得了良好的效果，然而回首课程开展的全过程，仍然有很多具体问题困扰着教师，如课程目标如何具体化，课程内容选题怎样开发，课程实施过程中如何调动学生参与的积极性，如何控制个别学生上网玩游戏，课程评价体系该如何建立，课程进一步发展的方向在哪里，等等。面对这些困扰，“校园科普”教师研发团队急需课程专家的点拨和指导。

正当教师感到困惑的时候，现任北京市海淀区教师进修学校校长的罗滨将课程带上了新的发展之路。2010 年，北京市海淀区教师进修学校承担了科技部课题“中小学科学探究学习与创新人才培养实验研究”子项目“中小学创新人才的区域培养机制研究”，由罗滨校长主持。其中，该课题以人大附中“校园科普”为案例，进行了“‘校园科普’精品课程资源的开发与实践”子课题研究。人大附中借助课题研究的平台，在“校园科普”已有课程实践基础之上，对已有的课程资源进行总结和梳理，进一步完善课程的目标，优化课程方案和内容，发掘课程的特色，提升课程的质量，形成“校园科普”精品课程资源包，以增强课程的实践性和辐射性，在区域范围内进行推广和展示，并促进更为深入的区域合作与共享，让“校园科普”这一课程在提升学生科学素养方面发挥更大的作用。人大附中两年的探索在“校园科普”联合运作组中得到了认可，我们的做法其他学校也试用过，并取得了一定成效。从这个意义上说，“校园科普”是一门值得推广的好课，因此我们有必要改进和完善，使之形成区域共享的资源。这也是王院士和周琳老师所希望的。

精品课程建设的目的是倡导教学方法的改革和现代化教育技术手段的运用，提高实践教学质量，发挥学生的主动性和积极性，培养学生的科学探索精神和创新能力。“校园科普”课程资源已有明确的课程理念和目标，但并未明确提出创新人才培养的相关目标；已有一套比较系统的课程实施步骤，但还没有形成具体的、可操作性更强的实施方案和策略，尤其是教与学的评价体系还始终没有系统地建立起来。在这种情况下，课题组需要在专家的指导下，进一步对已有课程资源进行梳理，进一步对创新人才、创新能力进行界定，进一步明确课程实施的目标和策略，进一步建立一套完善的评价体系。

第二节　开发与建设的理论基础

在海淀区“中小学创新人才的区域培养机制研究”项目启动之初，项目专家组经过深入细致的研究与讨论，对创新人才、创新能力进行了新的界定，对科技类课程类型及其特征、精品课程内涵及要素进行了梳理，这些将作为“校园科普”精品课程资源开发与实践的理论基础。

一、创新人才与创新能力

创新人才的成长是先天因素和后天教育共同影响的结果，并且是一个长期积累的过程，包括婴幼儿时期的生活经历、青少年时期的教育经历以及成人后的工作与学习经历。很大一部分创新人才在早期就表现出高智商、高潜质的特征，他们在自学能力、独立思考能力、认知能力上具有明显的优势。

从创新人才成长的长期发展过程来看，人人都有成为创新人才的潜质。本研究以创新能力的“功能——形态”二维模型为理论基础，分析创新能力的基本要素，进而探讨有利于创新人才培养的精品课程资源的开发及建设。

从功能上看，创新能力可分为一般创新能力和特殊创新能力。其中，一般创新能力指完成各种新颖任务所需的个性心理特征；特殊创新能力主要指完成特定新颖任务所需的个性心理特征。一般创新能力和特殊创新能力并不是截然区分和相互割裂的，任何具体的创新能力都是一般创新能力和特殊创新能力的综合。从形态上看，可以将创新能力区分为潜在创新能力和实际创新能力。其中，潜在创新能力指在完成新颖任务时尚未表现出来的创新能力，既包括基本认知能力、思维能力、创新人格、自主调控能力等一般能力要素，也包括特殊感知与记忆能力、知识与技能水平等特殊能力要素。实际创新能力指个体在完成新颖任务的过程中实际表现出来的创新能力，是由多种创新能力要素构成的综合个性心理特征。潜在创新能力一般通过学业考试或心理测验加以推测，而实际创新能力则要采用表现性评价的方式进行评定，并通常以所取得的创新成果作为判断的标准。

综合来看，“功能”和“形态”可以看成是描述创新能力的两个相对独立的维度，根据这一模型，可以将创新能力的结构用下图形象地表示出来。

	一般	特殊
实际	实际的一般创新能力 在完成新颖任务过程中表现出的基本认知能力、思维能力与创新人格特征。	实际的特殊创新能力 在完成新颖任务过程中表现出的特殊感知与记忆能力以及知识与技能水平。
潜在	潜在的一般创新能力 通过测验推测的基本认知能力、思维能力、创新人格、自主调控能力。	潜在的特殊创新能力 通过测验推测的特殊感知与记忆能力，通过考试考查的知识与技能水平。

根据创新能力的“功能——形态”二维模型，结合中小学生的发展性和可塑性特征，中小学创新人才培养应该从培养潜在创新能力入手，包括潜在的一般创新能力和潜在的特殊创新能力两个方面。

根据以上理解，本课题所关注的“创新人才”指所有具备创新能力的中小学生，其中所说的创新能力既包括特殊的、实际的创新能力，也包括一般的、潜在的创新能力；创新能力指个体顺利完成新颖任务所需的综合个性心理特征，主要包括知识与技能、感知与记忆、创新思维、创新人格等各方面的特征。因此，创新人才培养的关键，不在于单纯地发展学生的特长，不在于鼓励他们获得竞赛成绩，而在于在尊重学生基本认知能力和特殊感知与记忆能力的个别差异基础上，从思维能力、创新人格、知识与技能水平等方面全面培养他们的创新能力。

在以上潜在的创新能力要素中，由于基本认知能力、特殊感知与记忆能力主要受到遗传因素的影响，后天环境和教育因素的影响有限，因此，应将创新能力培养的重点放在思维能力、创新人格、知识与技能水平等方面。而对思维能力、创新人格、知识与技能水平几个方面能力的培养，可以通过学科课程、科技类校本课程、科研实践活动、学校文化建设四种渠道进行。

二、科技类课程的类型及特征

课程及其实施是培养学生能力的主要渠道，对中小学生的思维能力、创新人格、自主调控能力、知识与技能水平四个方面的培养可以通过学科课程、科技类校本课程、科研实践活动、科技活动类课程、科学家讲座类课程等五种渠道进行，各类课程的基本特点如下表所示。

基于创新人才培养的五类课程的基本特点

	学科课程	科技类校本课程	科研实践类活动	科技活动类课程	科学家讲座类课程
教学主要场所	普通教室、学科实验室	普通教室、学科实验室、专业教室、科技场馆等科普基地	实验室、实验基地	科普场馆、实验基地	中学、大学
教材教具等	国家统编教材、常规教具、学具	学校自编教材、特殊教具、学具	自选专著及文献、实验室科研设备	自选文献、特殊教具、学具或试验设备	自选文献、研究成果
教学方式	常规课堂教学	常规课堂教学与专题指导相结合	以课题研究指导为主	专题指导、持续跟进	专题讲座、互动交流
学习方式	听课、作业等常规学习方式	形式多样，学习自主空间较大	学习自主空间大，浸入式、跳跃式学习	形式多样，学习自主空间较大	听讲座、自学、交流
评价方式	纸笔测试为主	强调实际操作和过程记录的表现性评价	基于真实任务的表现性评价	表现性评价	表现性评价
授课范围	学校	学校	区域	区域	区域

五种科技类课程的上述特点决定了它们的课程目标应侧重于培养学生不同类型、不同形态的创新能力，如科学课的各门学科课程应针对学生潜在的创新能力（包括一般的和特殊的）进行培养，科技类校本课程、科技活动类课程、科学家讲座类课程应针对学生特殊的创新能力（包括潜在的和实际的）进行培养，科研实践活动类课程则针对学生实际的创新能力（包括一般的和特殊的）进行培养。“校园科普”课程属于科技类校本课程，所对应的教学模式在组织形式、活动程序、教学策略及评价方式等方面都与其他类型的课程有相应的区别。

三、精品课程的内涵及要素

“精品课程资源”是以提高学生的科学素养为最终目标，具有科学性、系统性、时代性、实践性和可操作性的优质课程资源。该课程资源包括先进的课程及实施理念、明确的模块功能定位、系统的教学内容分析、完整的教学资源、适切的教学策略、全面的教和学评价、精彩的教学实录、学生访谈和专家点评等。

基于课程的原有基础，在课题组专家的指导下，本课题对“校园科普”课程进行了总体设计，确立了基于创新人才培养的科技类校本精品课程构成要素（见下表）。课题组根据精品课程构成要素的框架，在原有课程资源的基础上，在新一轮“校园科普”的课程实施中，进一步明确课程目标与创新人才培养目标的结合，根据新确定的课程目标设计、修订教学环节与策略，尝试建立行之有效的课程评价体系，使之逐渐具备精品课程的特征和要求，以形成精品课程资源包，最终实现课程优化、资源辐射、区域推广的目标。

基于创新人才培养的科技类校本精品课程的构成要素

	构成要素	说　明
1. 课程整体设计	（1）课程总体定位和课程目标 （2）单元及课时规划及教学目标 （3）评价设计	（1）课程目标除了原定的课程目标，要体现创新能力的培养要素。 （2）单元及课时规划中要含有核心教学活动设计，教学目标要与课程目标匹配。 （3）评价设计要体现发展创新能力的目标。

续表

	构成要素	说　明
2. 课程内容	(1) 主题及相应的课程内容 (2) 课程资源（参考书目、网站等）	课程资源以参考文献的形式呈现。
3. 单元及课时教学设计	(1) 课时及单元教学设计 (2) 课时教学课件 (3) 课时和单元教学录像	(1) 教学设计需要包括教学目标、教学内容、教学方法、教学过程。教学过程包括教师活动、学生活动　设计意图。设计意图要体现创新能力的培养要素。 (2) 提供部分典型课例的教学录像。
4. 教学反思	(1) 教师教学反思 (2) 集体教学研讨实录 (3) 专家点评	(1) 教师教学反思包括教学策略及其使用效果、教学设计改进的过程、进一步改进的建议。 (2) 集体教学研讨和专家点评最好与教学录像内容相匹配，并能体现对教学录像的多元分析，并对该校本课程教学实施中的共性问题进行专题研讨。
5. 核心教学问题研究	(1) 核心内容的教学关键问题 (2) 解决教学关键问题的重要策略 (3) 教学问题解决的案例实录片段	与3、4两项整合进行，以研究论文的形式呈现。
6. 学生学习档案	(1) 典型的学生作业或作品 (2) 典型的学生学习体会 (3) 典型的学生学习访谈实录	(1) 反映学生的学习过程。 (2) 体现学生创新能力的发展。
7. 课程开设条件	(1) 课程开设所需硬件条件，如场地、设备等 (2) 课程开设所需软件条件，如对教师的要求等	

第二章

精品课程的规划及方案

在明确了精品课程资源建设的目标和需求后，本章着重研究精品课程的规划及方案。本章内容分四个部分，分别介绍了精品课程建设的总体思路和工作机制、课程目标和课程内容、教学指导思想和策略、课程评价设计方案等。在精品课程建设的总体思路和工作机制部分，作者阐述了专家团队及工作机制、课程梳理和原则制订、资源的充分开发和利用等方面的内容。在此基础上，作者对其他几个部分也进行了详尽论述。

在明确了精品课程资源建设的目标和需求后，人大附中“校园科普”课程研发团队在总课题组专家的指导下，开始了课程资源的规划及方案设计。

第一节　总体思路和工作机制

在“‘校园科普’精品课程资源开发与实践”课题研究过程中，专家指导团队和课程研发团队根据不同环节的特点及需求，综合利用多种研究方法及多方面力量，提出了以下研究、实践的总体思路。

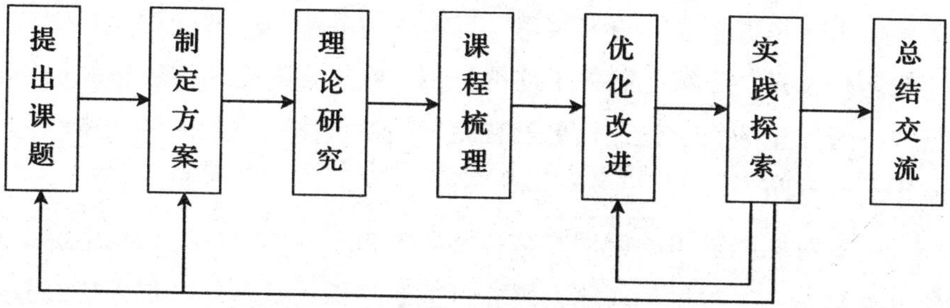

一、专家团队及工作机制

首先确定专家指导团队。专家团队对课题研究实行持续跟进式的指导，包括在设计规划、专题研讨、实践反思、总结提炼等各个环节的理论指导和实践指导，确保研究的方向和质量。本课题组专家团队包括北京青少年科技俱乐部主任王绶琯院士、海淀区教师进修学校特级教师罗滨老师、北师大教育学部李亦菲副教授、北京青少年科技俱乐部秘书长周琳老师、海淀区教师进修学校陈颖老师和支瑶老师。专家团队深入学校，与教师研发团队进行深度互动，对精品课程建设进行过程性指导、研发、监控，组织开展不同层面的交流研讨，使得项目顺利进行，取得预期效果。

二、课程的梳理和原则的制订

在课题组专家的指导下，教师研发团队确定了“方案完善和实践改进并行”的工作原则，开展了以下工作：

（1）确立以“校园科普”为课题研究对象后，课题组专家组织教师研发团队学习了与创新人才培养课程教学研究相关的资料，在总课题组关于创新能力构成的理论研究和已有文献的基础上重新整合、确立课程的目标和内容体系。经研讨发现，创新能力目标中的很多方面在“校园科普”课程中都有所体现，只是之前没有被明确地提出来，在课程实施过程中也就没有得到强化。

（2）教师研发团队对已有课程资源进行梳理，分析已有的工作基础。教师研发团队做了大量的工作和各种尝试，探索出一套完整的辅导步骤，设计出独特的“校园科普日”方案，制订了评价量表，收集了大量的学生作品，但是还没有形成一套完整的教学设计，更没有完善的评价体系，距离区域推广这个目标还有很大的差距。

（3）根据对课程资源的梳理并结合创新能力培养的目标，课题组确定进一步的研究重点是：①根据创新能力培养目标制订课程目标；②提炼核心教学问题，探索促进创新能力培养的课堂教学模式和教学策略；③形成教学设计和新的选题内容资源；④探索一套比较完善的评价方案。

（4）依照基于创新能力培养的课程目标，在新一轮课程实施中进行改进和实践，进一步完善课程方案。

三、资源的充分开发和利用

根据课程梳理结果和精品课程资源建设的要求，在后续的深入实践中，教师研发团队需要在原有课程资源基础上对课程资源进行充分的开发。首先，在选题开发方面，课程内容选题至少要由原来的 6 个增加到 10 个，每个选题包括讲演文、参考条目及相应的图片和视频资料。其次，在课程实施方面，在新一轮实践的基础上，要撰写整个课程的阶段教学设计和课时教学设计，并对课程进行课堂实录。第三，在评价设计方面，在原有评价量表基础上进行筛选和修改，包括设计新的表格并在学期结束时进行学生访谈，收录学生上课的感受。第四，在学生作品方面，将收存的几百份科普报道稿、演示文稿和学生制作的展板进行分类整理、保存。第五，着手录制《人大附中校园科普课程掠影》视频短片。在这些资源开发、积累的基础上，进一步着手制订《教学手册》和《学习手册》，为将来的实施、推广创造条件。

第二节　课程目标和课程内容

“校园科普”是作为全民科学素质教育的一个实验而设计的初中科普教育课程。它通过展板制作和科普演示来激发学生的成就感，训练学生的逻辑思维和表达能力，启发他们追求知识的自觉性，发掘他们的探索能力和创造能力。它通过集体创作来培养学生切磋合作的团队精神，设置充分的辅导课时来做到“因人施教”，把辅导落实到每一个学生。

——王绶琯院士

根据王老的“校园科普”课程设计理念，人大附中教师研发团队在原有课程辅导步骤基础上，将一学期的课程划分为“认识选题、明确任务；制作文稿、呈现观点；团队合作、打造精品；形成成果、展示汇报”四个阶段，明确了以制作科普报道稿、制作展板、举办科普报告会和校园科普日等为活动内容，实现教师和学生一起“学做科普”的核心目标。

“学做科普”就是选择一个话题，在深入理解选题内容的基础上通过科普报道稿、展板、科普报告等多种方式呈现、表达自己对选题的认识和理解，达到“能讲清楚一件事情”的目的。在此过程中，培养和锻炼学生处理信息、设计制作、交流演讲、小组合作等多方面的能力和素养。

以上的课程设计旨在使学生通过亲自参与做科普的过程形成科学素养。

一、课程的总体目标

在制作科普报道稿及展板、举办科普报告会和活动日等过程中，“校园科普”课程将实现以下目标。

（1）提升学生关注科学、热爱科学、传播科学的能力和素养。

（2）提升学生收集和处理信息的能力、逻辑思辨的能力、沟通与表达的能力。

（3）增强学生的团队合作意识，提高学生的团队协作能力。

（4）培养学生的创新思维、创新能力和创新人格。

（5）在校园里形成“学科学、爱科学”的风尚。

通过对创新能力要素的分析，可以发现“校园科普”在知识与技能、创新思维、创新人格等方面与创新人才培养有着很多共同的目标（见下表），为“基于创新能力培养的‘校园科普’精品课程资源开发与实践”课题研究提供了良好的基础条件。

创新能力要素与“校园科普”课程目标对应表

维　度	内　容	要　　素
知识与技能	事实性知识	正确把握事实
		注意事物的细节
	概念性知识	用自己的语言表述概念
		形成完整的知识结构
	基本技能	科学探究能力（发现问题、提出假设、收集和分析资料）
		设计制作能力（设计方案、搭建模型、测试和完善作品）

续表

维　度	内　容	要　　素
创新思维	逻辑思维	对事物进行归纳、比较和分类
		根据事实做出正确判断
	形象思维	提出新颖、独特的想法
	灵感和顿悟	快速做出反应，有较强的顿悟能力
创新人格	认知特征	实事求是，不盲从，不迷信
		兴趣广泛，愿意接受新经验
		能接受不确定性，尊重反面意见
	情感特征	有较强的自信心
		有强烈的社会责任感
		乐观面对困难和挑战
	行为特征	既追求理想，又能适应现实
		能做到自我管理，能与他人合作
		敢于打破常规，并能坚持不懈

教师在认真分析讨论了课程原有目标和创新人才培养目标的契合点之后，各自根据自己的选题内容及课程实施特点确定了本班课程的具体目标，有的侧重“事实性知识的正确把握”，教学生练习对信息进行甄别、提炼和加工，再通过各种方式呈现；有的侧重创新人格培养中的“能做到自我管理，能与他人合作”，引导学生在团队协作过程中学会与人沟通协商、表达自己的观点、尝试达成共识。这样，在八个班的具体教学中，教师尝试确定了“总体一致，有细节差异”的教学目标，为进一步探索课程目标的具体实施指明了方向，奠定了基础。

二、课程内容

“科普文章”的题目取自重要的科学时事或影响重大的科学问题，一般已在大众科普的层面上被广为报道，并有了不同层次的科普作品（从通俗到高级，从短文到书刊）。我们的“科普文章”取材于这些作品，但不属于这类作品。它是一种专门为了“校园科普实验”按特殊规范编写的“课文形式的科普文章”。这种规范是一种新的尝试，其效果需要实践的检验。

——王绶琯院士

校园科普课程中的“科学”是整体概念，包含广泛的科学题材，从日常所见，到科学时事、科学专题等，而这些正是通常的科学普及的内容。作为课程内容的选题以科学时事或大众关心的科学问题为主，其具有时代性，并与人们日常生活密切相关。而且需要强调的是，课程内容应以科普知识为题材而不是以科学知识作为主题，原材料是从书刊中选取或由教师自己编写的科普文章。教师按照“校园科普”规定的规范，把文章内容“加工”成为由“内容分段要点”“讲演文”和“参考条目”组成的选题内容。这些选题内容经试用鉴定合格后可供所有进行“校园科普”的教师直接采用或参照使用。

“校园科普”课程就是以这些选题为载体按照课程设计的四个环节实施的。通过一个学期对一个选题的深入讨论，学生在对该选题的知识内容内化的基础上能进行表达呈现，锻炼了能力的同时，也提升了“了解科技发展、关注生态环境、学会健康生活”等意识和能力。

经过两年的探索已有6个比较成熟的选题：

（1）我们的草原怎么了？（与运作组基地校合作开发）

（2）该给地球退烧了。（与运作组基地校合作开发）

（3）从SARS到禽流感。（与运作组基地校合作开发）

（4）中国的水资源危机。（独立开发）

（5）从“多利”的诞生话克隆。（独立开发）

（6）濒危动物保护。（独立开发）

在此基础上，我们还需要进一步开发新的选题，拓展科普内容的宽度和广度，以满足学生更为广泛的兴趣需要。当时有撰写意向的选题有“太阳风暴”“湿地”“风能”“抗生素”“大气污染”等。下面以“中国的水资源危机”为例，简要介绍一下选题的四部分内容划分。

第一部分　中国的水资源概况

(1) 地球上可利用的淡水资源是极其有限的

(2) 我国的水资源概况

①人多水少，水资源严重短缺

②地区分布不均，水土资源不相匹配

③降水年内年际分配不匀，旱涝灾害频繁

(3) 北京的水资源状况

第二部分　水资源危机的原因

(1) 人口增加、经济发展对水的需求越来越多

(2) 水资源污染波及全国

(3) 用水效率低

(4) 过度开发地下水

第三部分　水的作用和影响

(1) 水是农业的命脉

(2) 水是工业的血液

(3) 水与能源交通

第四部分　缓解水危机的措施

(1) 加强水资源管理

(2) 调节水源流量，增加可靠供水

(3) 减少浪费，提高水的利用效率

(4) 树立惜水意识，注重节约用水

本课以“中国的水资源危机”这一选题为载体，学生以小组合作学习的方式通过查找资料、小组讨论、制作演示文稿和展板、交流汇报等环节了解选题内容，讲清楚关于中国水危机问题的几部分：中国水资源危机状况如何，原因何在，有什么影响，怎样应对等。最后，学生以给年级同学宣讲展板内容和做

科普报告的形式呈现学习成果。学生在做科普的过程中锻炼了科学表达等多种能力，增强了团队合作的意识，更加关注科学、热爱科学。

第三节　教学指导思想和策略

“校园科普”是一种科普教育，是一种有别于课程教育的特设素质教育，用的方法是科普方法，有别于一般教学方法。它在方法上有两个不同于常规课程的特点，一是，它是一种专设的科学素质课程（虽然所占课时不多），“以育为主，寓教于育”，有别于常规科学课程中的“寓育于教”；二是，它从“教学生做科普”着手，在整个活动过程中引导他们自主寻求科学知识，通过理解（学会怎么学习）和表达（学会怎么讲解）自觉地“走近科学”。

“校园科普实验”的大要为：全班学生在教师辅导下，对一个选定的科普题材（简称“选题”）用一个学期的时间进行集体准备，做到能够在期末向全校师生展示并讲解自己创制的科普展板或进行科普报告。

“校园科普”的全程以“学生活动、教师辅导”的方式进行。辅导为每周一次，每次用一至二课时，一个学期总共十几次（视各个学校的情况而定）。学生用一到二次活动的时间听开题导引报告，其他的十几次均用在科普报道稿的制作、展板的制作、演讲PPT的制作以及演示上。

——王绶琯院士

“校园科普”是一个实验，被设计为一种全民科学素质教育在义务教育阶段的初中一个年级中实施。校园科普是一种科普教育，是一种有别于课程教育的特设素质教育，教学生学科普、做科普、体验集体创作精神，用的方法是“科普实践”，有别于一般教学方法。

王院士认为，几千年的科学知识传授已经形成了行之有效的方法体系，但是校园科普课程属于素质教育的内容，需要建立一个新的方法体系。换言之，“校园科普”不是讲授科普知识，也不是做科学研究，而是教师和学生一起“学做科普”。

“校园科普”这门课与学校设置的其他课程不同，它是通过“选题”这个载体在课堂实施“教学生做科普”的过程。既然这样，课堂就不是简单的教师讲、学生听的过程，而是教师和学生一起做一件事情的过程。在此过程中，学生通过实践学会如何处理资料、怎样进行版面设计、演讲时要注意哪些问题、怎样把自己的观点表达清楚等，在做的过程中得到锻炼、受到熏陶。这个活动的设计特别强调激发学生的参与感和成就感，其目的是培养学生“学科学、爱科学”的自觉性。

一、总体教学策略

教学策略是指针对特定的教学情境，为提高教学效能，以一定的教学原则为指导，综合考虑教学目标、教学内容、教学资源、教师和学生情况等要素，对学科教学进行整体规划、设计、实施的具体方式。其课堂表现形式通常为教与学的活动。

在认真学习和理解王老的课程理念后，人大附中把“校园科普”作为必修课在初二年级开设。全年级的所有班级分成两部分，分别在上下学期开课，也就是每个学生学习半年。每学期每班每周安排连续 2 课时开展校园科普，实践“一个班、一个学期、一个课题、一套展板、一次报告”的过程，通过制作科普报道稿、展板、进行演讲等环节培养学生“关注科学、热爱科学、传播科学”的精神，同时提升学生收集处理信息等多方面能力及团队合作意识。

“校园科普”课程就是以各个选题为载体，以课堂活动的方式教学生做科普。参加“活动”的班在教师辅导下，用一个学期的时间集体负责一个选题的科普：全班学生共同完成一组科普展板的创制，并向全校同学讲解，同时在年级范围内作该选题的科普报告。这样，学校每学期有多少个初中班参加活动，校园里就会有多少套展板和多少次报告。这样的科学气氛有助于学生科学素质的培养。该课程设置了长达一个学期的单一课题的辅导，使得教师有了比平常多的机会和学生“工作在一起”，便于发挥言传身教的作用，特别是由此可以把辅导落实到每一个学生，“因人施教”。“把辅导落实到每一个学生”，这是王绥瑄院士提出的“一个都不能少”原则，所以“校园科普”不是少数有兴趣学生的自愿活动，而是每一个初二年级的学生都要体验和实践的一门课程。以必修课的形式推进，就体现了“全民教育”是每一个学生的权利的思想。

整个学期分为四个阶段：认识选题，明确任务；制作文稿，呈现观点；团队合作，打造精品；形成成果，展示汇报。每一阶段的任务如下：

第一阶段，认识选题，明确任务。这一阶段用时1周，两节课，用于介绍课程、引入选题，主要目的是让学生了解“校园科普”这门课的过程和意义，调动学生参与的积极性。此课于2008年开始，正值北京奥运会刚刚结束，由此引入科技创新的话题；之后着眼于阐明科学是什么、科学与我们的联系、我们为什么要开设这样一门课、这门课的内容和过程等；近两年主要介绍课程过程，让学生明确每个阶段都有什么任务、需要怎样参与、为后面各阶段做好准备。

第二阶段，制作文稿，呈现观点。用时6～7周。第二周开始介绍选题即开题导引，教师可以通过资料阅读、视频观看等多种方式的介绍让学生初步了解选题内容，之后安排学生到机房完成科普报道稿。科普报道稿的制作需要教师指导学生对资料进行收集、甄别和筛选，引导学生进一步用自己的语言科学地进行表达，再用Word编辑器制成图文并茂的一篇科普报道稿。制作完成后，学生要展示自己的作品，这既是一种激励，也是一种演练，为后面到年级进行演讲做准备。

第三阶段，团队合作，打造精品。用时7周左右。这一阶段全班学生分成两大组：展板组和演讲组。展板组（包括四个小组）主要在本班教室里制作展板。每个小组负责一个子课题，制作一块展板，四个组共制作四块展板。演讲组（包括四个小组）到机房制作PPT，写演讲稿，也是每个小组负责一个子课题。这一阶段工作的开展需要小组成员分工合作、各尽所能，这样，最后的作品集中了大家的智慧。

第四阶段，形成成果，展示汇报。用时3～4周。这是课程的一部分，不要求准备得多么完美，只组织全年级来一次科普报告会，实现全年级学生的互动。我们把报告会的主题定为“关注科学、热爱科学、传播科学”，期望学生经过一个学期的准备，除了能讲清楚一个科学事件，最重要的是在科学素养方面能有所提升。此时，台上是小科普专家，真正的专家坐在台下。除了科普报告会，后期我们还开展了“校园科普日”活动，全年级16个班的展板陈列在中心花园，通过讲解与倾听、提问与回答等方式实现校园内的互动，以期营造“学科学、爱科学”的校园科普氛围。

“校园科普”课程的设计特别强调激发学生的参与感和成就感，有参与才会有收获，参与越多收获越多。应当指出的是，在“校园科普”课程中，我们教给学生许多科学知识，但知识的积累不是主要目的；我们给学生做了科普讲演，但科学普及也不是主要目的。我们的主要目的是促进学生自己做科普，以此唤起他们“学科学、爱科学”的意识。可以说，这对于初中生是一种带有集体感、成就感的创造。

在新一轮的实践中，我们将按照调整改进后的教学策略加强与创新人才培养目标的结合，注重在活动过程中加强对学生进行创新思维、创新能力、创新人格等各方面的培养。

二、教学设计模式

“校园科普”课程整个一学期共分四个阶段，包括36课时，每个阶段的任务、课时及内容简介如下。

阶段名称	课时	单元内容简介
认识选题，明确任务	2	了解课程，明确任务，介绍选题内容。
制作文稿，呈现观点	13	初步了解选题，学习用自己的语言科学地表达，制作科普报道稿。
团队合作，打造精品	14	以组为单位完成展板和PPT制作或其他作品。
形成成果，展示汇报	7	举办科普报告会和展板展示交流活动。

教学设计模式分为阶段教学设计和课时教学设计两种。阶段教学设计用于规划每个阶段的教学，包括教学目标和核心教学活动以及课时安排等内容。课

时教学设计用于各阶段每课时的教学设计，包括基本教学信息、教学内容分析及学习者分析、教学目标、教学重点难点、教学流程、教学过程、教学反思等内容。由于“校园科普”作为活动课程的特殊性，有连续几课时都在做同一件事情的情况，因此36课时不必写出36个教学设计。在新一轮教学实施中，我们将在实践基础上完成每个选题4个阶段的教学设计和10个左右课时的教学设计，以利于其他教师参考使用。

（一）阶段教学设计模式

阶段教学目标

（1）知识与技能目标

（2）过程与方法目标

（3）情感态度与价值观目标

课时规划

主要内容	课时	核心教学活动

（二）课时教学设计模式

<table>
<tr><td colspan="2">教学的基本信息</td></tr>
<tr><td>课题</td><td></td></tr>
<tr><td>阶段</td><td></td></tr>
<tr><td colspan="2">教学内容分析及学习者分析</td></tr>
<tr><td colspan="2">1. 教学内容分析
2. 学习者分析</td></tr>
<tr><td colspan="2">教学目标</td></tr>
<tr><td colspan="2">1. 知识与技能目标
2. 过程与方法目标
3. 情感态度与价值观目标</td></tr>
</table>

续表

<table>
<tr><td colspan="4">教学重点和难点</td></tr>
<tr><td colspan="4">1. 重点
2. 难点</td></tr>
<tr><td colspan="4">教学流程示意</td></tr>
<tr><td colspan="4">目标　　教学素材　　学生活动</td></tr>
<tr><td colspan="4">教学过程</td></tr>
<tr><td>教学环节</td><td>教师活动</td><td>学生活动</td><td>设计意图</td></tr>
<tr><td></td><td></td><td></td><td></td></tr>
<tr><td></td><td></td><td></td><td></td></tr>
<tr><td></td><td></td><td></td><td></td></tr>
<tr><td></td><td></td><td></td><td></td></tr>
<tr><td colspan="4">板书设计（可选择）</td></tr>
<tr><td colspan="4"></td></tr>
<tr><td colspan="4">教学反思及改进措施</td></tr>
<tr><td colspan="4"></td></tr>
<tr><td colspan="4">特别关注</td></tr>
<tr><td colspan="4">1. 对教学条件的要求
2. 教学组织与实施中的难点
3. 学习资源</td></tr>
</table>

三、课程开设条件清单

1. 课程开设所需的硬件条件

普通教室（有电脑、投影）、机房（每人一台电脑）。

2. 课程开设所需的软件条件

生物、地理、物理等各学科教师共同参与，保证课时及研讨时间。

第四节　课程评价设计方案

一门可以用来推广的好课，除了课程目标明确、课程内容丰富、课程实施策略具有可操作性以外，一套完善的课程评价体系是必不可少的。“校园科普”课程评价体系的设计包括三个方面：课程评价、教学评价和学生评价。课程评价是对这门课程的内容、策略、课程目标的实现、课程实施的意义等的一个综合性评价；教学评价是针对“教师的教”所做的评价，如教师在课程实施中的准备情况以及指导学生做科普的能力等；学生评价是在课程实施过程中对学生表现的具体评价，包括学生自评或他评等方式。这样一个比较完善的评价体系可以帮助将要开展这门课程的教师明确目标。

一、课程评价

“校园科普”课程作为校本必修课程，在评价方面遵循以下原则：

1. 发展性原则

“校园科普”在课程评价中遵循发展性原则，一方面通过评价促进学生、教师、学校三方面的发展；另一方面通过评价逐步完善课程，促进校本课程的发展，使课程的开发和建设成为一个连续的动态过程。

2. 个性化原则

“校园科普”课程作为学校自主开发的课程，集中体现了“以校为本”的理念，是学校根据自身的特点按照学校独有的办学理念，利用已有的各项资源，结合学校所处社区的环境，为满足学生个性化发展需求，由本校教师自己开发的课程。课程无论是从价值取向、课程目标、内容、结构、组织，还是课程实施的过程与效果等方面，都有不同之处，因此，在对校本课程进行评价时应体现个性化原则，不能按照统一的标准、方法、手段，“千人一面”地加以评价。个性化原则要求在对校本课程评价时不能仅用一把尺子，只讲在目标、功能、内容以及操作上的统一要求，不讲校本课程背后不同学校的办学理念以及各校特有的资源、环境和师生在认知、能力、情感等方面的差异。所谓个性化就是要在校本课程评价操作中做到“个别化”，思想上突出“个性化”，要有针对性地进行评价。从这个意义上来说，个性化原则也可称作针对性原则，即校本课程评价要针对每所学校课程不同的特点来展开，突出课程特点，凸显学校特色，满足学生的个性化需求，

3. 多元化原则

多元化原则指的是校本课程评价内容的多元化、方法的多样化和评价主体的多元化、评价标准的多样化。就评价内容而言，多元化原则要求评价既要体现共性，更要关心评价对象的个性；既要关心结果，更要关心过程，注重学生、教师和学校发展的主动性、创造性和积极性。校本课程的评价内容涉及方方面面，从纵向上来讲，包括校本课程开发情境和目标定位的评价分析、对校本课程方案的可行性评价、对校本课程实施过程的评价以及对校本课程实施效果进行评价；从横向上来说，包括对课程方案本身的评价和对教师课堂教学的评价以及对学生学业成就的评定。由于校本课程评价内容的广泛化、多元化，校本课程评价的方法也应该是多样的，应将定量评价的方法和质性评价方法相结合，采用测验、调查、问卷、访谈、档案袋、苏格拉底研讨评定法等多种评价方法对校本课程多元化的内容进行评价，要注意根据不同的内容选择最有效、最便利的方法。

就评价主体而言，多元化原则要求校本课程的评价主体是多元的，校本课程实质上是一个以学校为基地进行课程开发的开放、民主的决策过程，即校长、教师、课程专家、学生和社区人士共同参与学校课程计划的制订、实施和评价活动。课程评价主体应将上述这些与课程有关的人员都包括在内，使课程消费者、生产者都有平等表达自己需求、意见的机会。基于评价主体的多元化，对于校本课程评价的标准也应该是多样的，因为每个评价者都有自己独特的生活经验履历，他们的价值观、兴趣、爱好、需求、态度等都不尽相同，对同一问题有着不同的看法，因此在评价中会依据自己所特有的价值观提出不同的判断标准，形成一个多样化的评价标准体系。

4. 连续性原则

连续性原则是指评价既要看到过去、诊断现在，也要预测未来。校本课程评价的目的在于将评价贯穿于校本课程开发的全程，使评价成为一个动态、连续、不断发展的质量监控过程。在校本课程开发的每一个环节都要进行评价，这不仅涉及评价内容的广泛化，更重要的是突出评价过程的连续性和动态性。校本课程开发是一个长期的、耗资费时的、渐进完善的过程，因此对校本课程的评价也不是一次性的、终结性的。校本课程评价首先通过对校本课程开发情境的分析和目标定位的评价，充分了解学校所具有的资源以及学生和当地社会的需求，为校本课程的编制奠定目标基础，然后对依据这些目标而设计的校本课程方案进行评价。如果把校本课程方案比作“菜单”，那么评价在此阶段需结合各校的条件、设备、人力资源等对提供的一系列“菜单”进行比较、选择。在选取了某些“菜单”进行实施的过程中，还需对实施的质量进行监控、诊断，找出不足、需要改进之处或发现优点，及时反馈，促进校本课程本身和学生的发展。校本课程评价到此还未结束，还需对“菜单”实施后的效果进行评定，以判别优劣，为课程决策提供依据：是继续采用“菜单”或是改进“菜单”，或是否决“菜单”。这个阶段评价的意义在于为下一轮校本课程开发积累经验、提供素材，它的本意并不在于奖惩而是为校本课程决策服务，当然这一阶段的评价也将作为新一轮课程开发的基础，为新的课程评价提供依据和起点。由此可见，校本课程应是一个连续、动态、不断螺旋上升的过程。

5. 对话性原则

评价是精神的对话，是双方心灵的相遇。对话性原则是指评价者与被评价者之间形成一种平等交流的关系，评价各方基于某一共同的背景协商讨论、相互作用、达成共识，促进发展。在这里，对话有三层含义：首先，对话是一种人与人之间的平等交流，这种交流的结果是达成“重叠共识”；其次，对话是一种认知，从这个意义上说，对话就是一种解释，是要解释者带着自己的前知识结构与对方相互作用；最后，对话具有一种生存论意义，这时，对话成为双方精神之间的相遇相通。对话性原则作为校本课程的一个基本原则，其原因在于校本课程开发集中了教师、学生、家长、课程专家和社区有关人员的力量与智慧，对于校本课程的评价，其主体是多元的，这些评价主体来自不同的环境，有着不同的文化背景、生活履历，他们的价值观、人生观、世界观和兴趣、爱好、需求等不可能是统一的，而是各有特点的，呈现出差异性，因此，对校本课程评价时需要在一种民主、宽松的环境中由评价各方自由地参与评价，进行平等的交流、对话，把自己的意见、想法表达出来。评价人员通过讨论、协商达成重叠共识或互相理解、互相诠释，以实现精神的相通；通过平等的对话使真理得以显明，人心获得内在的敞亮，人的“视界”（horizon）得以扩展。从这个意义上来说，对话也就成为不同的“视界”得到“融合”的过程，意义在“融合”中得以生成。通过以上分析可见，对话性原则内在地要求在对校本课程进行评价时，除了让评价各方平等地参与，还应将“对话”作为评价者之间或评价者与被评价者之间形成“视界”相融的基石。

6. **离散性原则**

离散性原则是指在对校本课程评价时不能拘泥或局限于某些预定的目标或计划，而应该全面、广泛地了解校本课程实施所带来的一切影响，特别关注校本课程实施所带来的非预期效应。校本课程评价贯穿于校本课程开发的全程，其意义在于通过评价促进校本课程开发，提高校本课程的质量，满足每个学生的个性化发展，凸显学校的办学特色。因此，对校本课程评价要关注方方面面的内容，并不能只单纯地评价校本课程的预定效应，而应对校本课程目标以外的非预期效应给予相应的关注。一般来说，人们认为课程效果是可以预期的，而且课程效果大都是课程本身形成的，但由于教育问题的复杂性、不确定性，很难将课程效果人为地“锁定”。校本课程作为学校自主开发的课程，每个学校的情况各不相同，在校本课程开发的过程中，有许多因素影响课程的运行，进而影响课程的效果，如教师的素质、学生的已有水平、学校的软硬件资源等，这些因素会以各种方式影响校本课程的实施，它们参与课程方案实施的一个直接结果就是与校本课程本身产生交互影响，产生各种非预期效果，而非预期效果可能会存在于各个方面，有些是外显的，有些则是内隐的。因此，对校本课程的评价要坚持离散性原则，不局限于预定目标，而应全面地评价校本课程的实施过程与成效，不放弃对非预料因素和非预期效应的分析、评价。

二、教学评价

（一）教学评价的主要内容

教学评价应该是对教师的“教”的过程进行评价。在“教”的过程中，师德修养、专业知识、教育教学技能、专业品质、教学效果以及教育科研能力和水平等方面都会体现出来。其中，教师的师德修养、专业知识、专业品质等方面是教师必备的基本素质。对教学效果的评价是指评价教师的教学是否实现了教学目标，是否真正促进了学生的身心等方面的发展，这是评价教师教学质量的根本标准。

校园科普课程是一门特殊的义务教育阶段的课程，它的特殊性体现在“科普活动”上。因此，对教师教学的评价要更注重教师的教育教学技能、教育科研能力及水平等。

1. 对教育教学技能评价的主要体现

（1）教师对科学的态度

教师具有对科学事件的关注度、对时事的敏感度，特别是对热点时事背后隐含的科学知识的敏感度是教师承担校园科普课程教学任务的基础。

（2）教师要具备准确把握所教选题的科学性的能力

这是“科普”教学的基本要求，教师对所教选题的科学性把握越准确，学生“学做科普”活动的科学性越有保证。

（3）教师对“活动”的组织能力

“学生学做科普”是课程的主要环节，教师要乐于并善于组织学生进行各种活动，因而教师的组织能力的高低直接影响课程的教学效果。

（4）教师在课下对学生的辅导能力

很多时候，学生的活动要求教师在课下进行更加细致、个性化的辅导，教师需要有耐心和能力针对不同的学生、不同的问题进行有效的辅导。

(5) 教师的教学反思能力

校园科普课程在教学过程中的个性化很强，不同的班级、不同的选题在教学过程中生成的问题和过程都不尽相同，教师在教学中要善于反思和总结，这样才能不断提高自己的教育教学水平。

2. 对教育科研能力和水平评价的主要体现

(1) 教师应具备信息检索能力

校园科普课程的目标之一就是培养和锻炼学生收集信息和分析资料的能力，这种能力是进行科研和科普活动的基础能力之一，也是教师进行教育科研的基础能力之一。

(2) 新选题的开发能力

校园科普课程应该是一门让学生总是有“新鲜感”的课程，一门与时事中的热点科学问题联系紧密的课程，这要求教师能够及时准确地抓住合适的科普课题，并把这些科普课题开发成课程中的新的选题。

(二) 教学评价的主要方法

教学评价的方法很多，目前主要是通过自我评价与同行评价并行为主的方式进行的。

1. 同行评价

同行包括本校的教师、校外的教师或专家等。他们对教师的专业知识和能力水平、教育教学指导思想的合理性、教学方法与教育教学目的的正确性、教育科研水平等方面常能做出恰当的评价。

2. 自我评价

列出各方面的评价标准，让教师进行自我评价，这是教师工作总评的重要依据，而且也可帮助教师改进工作。教师客观地评价和分析自己的工作和业绩，做出如何改进和完善的决策。学生评价、同行评价、课堂实录（录像课）都能向教师提供自我评价和自我改进的依据。

校园科普课程听课记录表

<table>
<tr><td>授课教师</td><td></td><td>授课题目</td><td></td><td>授课班级</td><td></td></tr>
<tr><td colspan="4">评价标准</td><td>分值</td><td>评价</td></tr>
<tr><td rowspan="2">教案设计</td><td colspan="3">1. 教学设计符合课程目标的要求，符合学生的认知规律和水平，能全面提高学生的素质。</td><td rowspan="2">10</td><td rowspan="2"></td></tr>
<tr><td colspan="3">2. 教学过程设计合理，层次清楚；教案设计规范。</td></tr>
<tr><td rowspan="2">学科教学基本功</td><td colspan="3">3. 语言流畅，富有逻辑性，表达清楚、准确。</td><td rowspan="2">10</td><td rowspan="2"></td></tr>
<tr><td colspan="3">4. 具备较高的 Word 操作技能，能指导学生制作科普报道稿。</td></tr>
<tr><td rowspan="8">课程特色体现</td><td colspan="3">5. 注重培养学生严谨的科学态度。</td><td rowspan="8">40</td><td rowspan="8"></td></tr>
<tr><td colspan="3">6. 准确使用科学语言，注意联系时事。</td></tr>
<tr><td colspan="3">7. 具备指导学生准确表达自己的观点的能力。</td></tr>
<tr><td colspan="3">8. 注重对学生进行收集、甄别、筛选、提炼信息能力的培养。</td></tr>
<tr><td colspan="3">9. 激发学生的创新意识和实践能力。</td></tr>
<tr><td colspan="3">10. 善于协调、组织，注重培养学生的团队合作意识。</td></tr>
<tr><td colspan="3">11. 能引导学生积极、广泛、深入地参与活动，师生互动良好。</td></tr>
<tr><td colspan="3">12. 教态自然、亲切。</td></tr>
<tr><td>评语</td><td colspan="5"></td></tr>
<tr><td colspan="4">评课人签名：
年　月　日</td><td>总分</td><td></td></tr>
</table>

三、学生评价

基于学生创新能力培养的评价更强调采用过程性评价、表现性评价等多样化的评价方式，评价的目标是帮助学生更好地学习，评价的内容指向学生的学习过程以及学生对课程的理解程度，确定评价标准时应注意：①评价类型应兼顾形成性评价和终结性评价；②评价的方式包括实践性任务和项目、讨论和对话、考试和检测等多种形式；③评分标准既包括分析型评分标准，也包括整体性评分标准。

“校园科普”是一门全新的课程，教学内容全新，评价体系和方式也全新，评价应该是始终贯穿在教学过程中的，正面的评价更有利于学生积极性的发挥。“校园科普”课程对学生的评价方式主要包括评价量表、调查问卷、访谈三种。评价设计的原则是过程性评价和终结性评价相结合、问卷评价和表现性评价相结合、自评和他评相结合。

（一）量表评价

在校园科普课程中，我们使用了各种评价量表引导和督促学生进行学习和讨论，包括互评与学生自我评价。表格的使用对于课程的开展、学生在课堂中表现的评价和学生间的互动交流起到了积极的作用。以下是几个在课程活动中反馈效果较好的评价量表。

1. 校园科普课程自我检查表格

该表在校园科普课程中全程使用，用于学生自我督促与检查。表格分为课堂讨论、科普报道稿制作、综合实践三部分，可以在课程的各个阶段分别填写，督促学生检验课堂的成效，同时对下一阶段的课程提出要求。此表格发给学生每人一份。

科普课自我检查表

班级：　　　　姓名：

在教室里：	
我积极参与科普课的课堂讨论。	
我每次按时上交阅读讨论记录表。	
我认真阅读讲演文和条目，提炼出其中的核心内容，并做归纳总结。	
我在小组讨论中能够充分尊重和听取他人的意见，思考并提出自己的见解。	

续表

制作科普报道稿阶段：	
我按时到机房上课，自觉遵守网络阅览室的规定。	
我在机房全身心专注于科普报道稿素材的收集和整理，高效率完成科普文稿的写作。	
我并没有仅仅将网络信息内容简单拼凑、复制、粘贴，而是有条理、有计划地选择科学可靠的内容进行创作，我不是网络信息的“奴隶”，而是“主人”。	
我根据老师提出的修改意见认真修改科普报道稿，精益求精。	
综合实践阶段：	
我积极承担小组内的任务，认真参与小组讨论和交流。	
我认真完成自己的任务，并及时与伙伴沟通。	
我与小组成员团结协作，为最终展示成果而努力。	
我充分发挥自己的聪明才智，提出了创造性的意见和建议。	
我时刻注意安全。	

说明：(1) 完全符合请画“√”，不太符合请画“O”。

(2) 我参与，我快乐。认真自查，实事求是，对自己负责。

2. 科普报道稿小组内互评表

该表在科普报道稿制作完成阶段使用，附有详细说明，用于小组成员互相评价科普报道稿的完成情况，并选出完成得好的作业。该表可以促进组内成员互相交流，使成员在评价中学习其他同学在科普报道稿制作方面的优点并改进自己的作业。此表格发给每小组一份。

科普报道稿小组互评表

姓名	优点	修改建议	推荐

说明：按照机房的座位 4 人组成一小组。请从以下三个主要方面对同伴的作品进行评价。

（1）主题是否明确，内容是否翔实。

（2）逻辑是否清晰，层次是否分明。

（3）版面是否美观，设计是否合理。

希望同学们本着客观、诚恳的态度互相帮助，提升大家的科普文章写作水平。修改完毕之后，评选出优秀的科普报道稿于班内展示（每组 1～2 人）。

3. 科普报道稿班级交流评分表

该表在班级内进行科普报道稿展示时使用，表格中有明确的评分标准。学生对在班级内进行公开报告和展示科普报道稿的同学进行评价，同时可以督促其他学生认真听报告，保证全员参与。此表格发给每人一份。

科普报道稿班级交流评分表

班级__________　评分人__________

评价标准 / 姓名	科普报道稿（10 分×3）			演讲（10 分×3）			总分
	主题明确，内容翔实	逻辑清晰，层次分明	版面美观，设计合理	熟悉内容，脱稿讲解	声音洪亮，自然大方	语言流畅，讲解清晰	

说明：本评分标准的满分为 60 分，其中科普报道稿和演讲各占 30 分，表格中评分标准里每一项的满分均为 10 分，请大家按照讲演者符合标准的程度打分，最后加起来得到演讲同学的总得分。谢谢你的认真配合！

4. 科普报道稿演讲者自我评价表

自我评价表需要在演讲前 2 天发给演讲的学生，在演讲结束后上交，目的是引导学生为科普报道稿的演讲做好充分准备。另外，演讲结束之后，学生还可以根据表格内容进行自我评价和反思。科普报道稿发给演讲者每人一份。

科普报道稿演讲者自我评价表

	频繁	有时	几乎从不	注解
我研究和学习我要说的主题。				
我很放松（不紧张）。				
我和每个人用眼神交流。				
我说得很清楚、准确。				
我表达的方式很有趣，我的声音富有感染力。				
我的听众从我所说的内容中学到了一些新东西。				
我所说的让听众听得明白，并有逻辑性。我的表达有开始、中间和结尾。				
我清楚地利用细节提出和回答问题。				
在表达之前我先练习。				

说明：请演讲者使用这个自我评价问题列表来准备自己的口头表达活动，在演讲结束后上交。谢谢合作！

5. 科普展板评价量表

各班完成展板制作后，由本学期未开设科普课的初二各班代表根据本量表，按照科学性、主题、内容、层次、版面设计五个方面对展板进行评分，最后评选出展板组的一、二、三等奖。

校园科普展板评分标准

指标 班级	评分指标（10分×5）					总分
	科学性	主题	内容	层次	版面设计	
1班						
2班						
3班						
4班						
5班						
6班						

评分人：＿＿＿＿＿＿

评分说明：每个班的4块展板作为一个整体参与评分，请各位评委首先仔细阅读以下五个指标的解释，然后按照每个班与对应各项指标的符合程度进行评分，每一项的满分为10分。

评价指标：

(1) 科学性。展板展示的内容准确，没有科学性错误。

(2) 主题。主题明确，所有内容紧扣主题，没有偏离主题的无关信息。

(3) 内容。内容充实，展板上的信息能充分地阐述主题，选用了适当的图表。

(4) 层次。内容的安排具有逻辑性，层次清晰。

(5) 版面设计。4块展板风格接近，每块展板的整体版面浑然一体，版面排布合理，色彩搭配合适，字体美观，大小适中。

6. 科普报告会演讲评价量表

在每个学期末的科普报道会上，各班非演讲组的学生代表根据本评价量表中所列出的主题、内容、层次、仪态、语言、配合六个方面给台上演讲者评分。最后，评委根据个人总分评选出一、二、三等奖，并给获奖学生和班级颁奖。

校园科普演讲评分标准

指标 演讲人	评分指标（10 分×6）						总分
	主题	内容	层次	仪态	语言	配合	
1							
2							
3							
4							
5							
6							

评分人：＿＿＿＿＿＿

评分说明：请各位评委首先仔细阅读以下六个指标的解释，然后按照每个班与对应各项指标的符合程度进行评分，每一项的满分为 10 分。两个人同时演讲的，请给他们进行综合打分（即为两个人打一个分数）。

评分标准：

（1）主题。主题明确，所有内容紧扣主题。

（2）内容。演讲内容能充分地阐述主题，没有科学性错误，有理有据。

（3）层次。讲解具有逻辑性，层次清晰。

（4）仪态。声音洪亮，面向观众，仪态自然大方，和观众有适当的交流。

（5）语言。语言流畅、简洁明了，音调抑扬顿挫，富有感染力。

（6）配合。过程顺畅，PPT 的图文能对演讲起到辅助作用。

7. “校园科普之星”的选票

在科普课程的最后阶段，学生通过匿名投票方式推选出本班的“校园科普之星”。选票发给每人一份。

“校园科普之星”选票

XX	
XX	
XX	
XX	
XX	

注意事项：

（1）应选人数两人。

（2）在同意的应选人后方框内画○。

（3）如要另选他人，在姓名栏内写上应选人姓名，并在后方框内画○。

（二）调查问卷评价

教师通过制订系统化的调查问卷（包括前测问卷、中期问卷、后测问卷），不仅可以评价学生综合能力的发展和科学态度的变化，而且可以根据问卷反馈及时调整教学过程以适应学生的认知规律。

1. 前测问卷

在第一次科普课上，学生独立填写前测调查问卷。前测问卷的结果能够在一定程度上反映出学生对于科学的态度、已具备的能力以及对于新课程的期待。

“校园科普”前期问卷调查

亲爱的同学：

你好！请阅读题目内容后，按照你同意或者不同意的程度在题目后相应的选项下打“√”，所有答案均无对错之分，也与大家的成绩无关，请同学们如实填写，谢谢配合！

班级：　　姓名：

题号	题目内容	非常同意	同意	不确定	不同意	非常不同意
1	我很期待校园科普课程。					
2	我希望校园科普课程能帮助我深入了解科学，学会传播科学。					
3	在校园科普中，我会很高兴地做每一件事情。					
4	参加校园科普对提升我们的科学素养一定会有帮助。					
5	我平时一遇到感兴趣的科学话题就会想尽办法（比如利用网络）寻求答案。					
6	我关注社会新闻和科学时事。					
7	我能够对收集到的资料进行筛选整合，得到想要的资料。					
8	我愿意把获得的知识分享给其他同学。					
9	在获得某种科学信息的时候，我经常会问“是这样吗”。					
10	我愿意倾听和接纳其他同学的意见和想法。					
11	如果在课程进行中遇到了困难，我能积极地面对。					
12	我了解给别人做科普的准备过程和方法。					
13	对选题有不太清楚的问题时我会深入研究，把它搞清楚。					
14	我相信科普课能够给我提供发挥特长的空间。					

续表

题号	题目内容	非常同意	同意	不确定	不同意	非常不同意
15	同学之间的协调配合非常重要。					
16	我喜欢把科学知识用科普的语言讲给身边的人听。					
17	我很自信，不畏惧在大众面前演讲。					
18	我的组织能力不错，能够在小组中起到领头人的作用。					
19	我想象力丰富，解决问题喜欢“另辟蹊径”。					
20	我做事很谨慎，注意事物的细节。					
21	我兴趣广泛，喜欢接受新事物。					

2. 中期问卷

在完成科普报道稿的制作和展示之后，学生填写中期调查问卷。根据中期问卷的结果，教师可以适当调整下一阶段的教学内容和教学方式，给予学生更加个性化的引导。

“校园科普”中期问卷调查

同学们：

你们好！

校园科普课程已经伴随大家走过半个学期了，为了了解大家的学习情况，并更好地促进大家的学习，我们开展此项调查，希望得到大家的配合。答案无对错之分，也和大家的成绩无关，请根据实际情况填写，别遗漏哦。感谢大家的支持！

1. 你认为“校园科普”这门课与你最初的预想________

A. 完全符合　B. 基本符合　C. 不太符合　D. 完全不符合

2. 对于我们班的选题，你认为________

A. 以前没太关注过这个话题，现在逐渐开始关注

B. 以前没太关注过这个话题，现在也没有太关注

C. 以前只是大概了解，现在更加关注了

D. 以前就比较关注这个话题，现在更加关注了

3. 通过学习这门课程，你对我们班的选题的了解程度是________

A. 能对四个子问题（现状、原因、影响、措施）做比较详细的讲解

B. 对其中一个或几个方面有了比较详细的了解，能大概讲解

C. 有了一个大概的了解，但不能讲解

D. 不了解

4. 在科普报道稿的制作过程中，你的收获是________

A. 对所报道的相关问题有了更深刻和全面的认识

B. 初步掌握了如何收集自己需要的资料

C. 通过与同学交流，提高了与他人合作和沟通的能力

D. 初步学习了使用 Word 对报道稿进行版面设计和美化

E. 其他______________________________

5. 制作科普报道稿时要求对提供的信息进行筛选与浓缩，在这个过程中你感觉________

A. 很困难　　B. 有些困难　　C. 有点困难　　D. 一点不困难

6. 如果觉得困难，那么困难主要是________

A. 不知道该从提供的材料中选择哪些来完成相关的主题

B. 相关的材料很多，很难浓缩到规定的字数

C. 从提供的材料里找不到需要的材料

D. 其他______________________________

7. 在完成的科普报道稿中，你自己的语言占有的比例是________

A. 25％以下　　B. 25％～50％　　C. 50％～75％　　D. 75％以上

8. 在这门课的学习中，任课老师给你的帮助是________

A. 基本没有帮助或者帮助不大　　B. 激发了我对这门课的兴趣

C. 帮助我了解相关的知识　　D. 在基本技能和方法上耐心指导

E. 其他______________________________

9. 在几次小组讨论活动中，你们小组的讨论情况是________

A. 小组成员全面参与，积极讨论

B. 有一部分小组成员参与，讨论比较积极

C. 只有少数小组成员参与，讨论不是很积极

D. 基本没有组织讨论

10. 你认为讨论环节对你进一步理解选题________

A. 帮助很大　　B. 有一定帮助　　C. 帮助很小　　D. 没有帮助

11. 在机房查资料时，可以看到其他班的选题资料，你________

A. 看到后打开过，仔细地看了其他班的选题

B. 看到后打开过，大概浏览了一下

C. 看到了，但是没有打开

D. 没有注意到还有其他班的资料

12. 在科普报道稿的班级交流会中，你是________

A. 演讲人　　B. 评委及计时员　　C. 普通观众

你的收获有哪些？

____

13. 如果让你自己选择课题，你对什么话题感兴趣？

____

14. 你的家长知道“校园科普”这门课程吗？他们发表过什么意见和见解吗？

____

15. 对于这门课的学习，你还有什么想对老师说的？包括对这门课的想法和对老师的建议以及对这门课程的期待，这可以让我们的课更有意义，让你的收获更大！

____

问卷到此结束。再次感谢你的支持！祝你学习进步，生活愉快！

3. 后测问卷

期末展示活动结束之后，学生需填写后测调查问卷。后测问卷在一定程度上可以检测学生经过一学期的科普课之后，在科学态度、综合能力方面的

提升。问卷请学生写一写上科普课的感受和自己的收获，一方面可以让学生有机会表达自己的情感，反思自己的成长，另一方面也可促进教师对课程的改进。

“校园科普”后期问卷调查

亲爱的同学：

你好！请阅读题目内容后，按照你同意或者不同意的程度在题目后相应的选项下打“√”，所有答案均无对错之分，也与大家的成绩无关，请同学们如实填写，谢谢配合！

班级：　　姓名：

题号	题目内容	非常同意	同意	不确定	不同意	非常不同意
1	我能讲清楚我们班选题的某一部分内容（概况、原因等）。					
2	在科普课上，我能主动地参加与选题相关的讨论和制作。					
3	在“校园科普日”的活动中，我了解到很多科普知识。					
4	要想获得相关选题的资料，可以查阅讲演文和条目，或到专业网站浏览，或参考书籍，并不只有“百度”一条途径。					
5	表达科学理念和科学事实需要简练、严谨的语言。					
6	我愿意和同学一起来完成展板（或 PPT）的制作。					
7	在校园科普中，我会很高兴地做每一件事情。					

续表

题号	题目内容	非常同意	同意	不确定	不同意	非常不同意
8	参加校园科普对提升我们的科学素养很有帮助。					
9	在校园科普课上，我能完成小组分配给我的任务。					
10	我更加关注与我们班的选题相关的科学时事了。					
11	我能够对收集到的资料进行筛选整合，得到想要的资料。					
12	我愿意把获得的科普知识讲给同学听。					
13	在科普课上，我制作展板（或 PPT）的能力得到了提高。					
14	在获得某种科学信息的时候，我经常会问“是这样吗”。					
15	我愿意倾听和接纳小组中其他人的意见和想法。					
16	在课程进行中，不论遇到什么困难我都能积极地面对。					
17	我了解给别人做科普的准备过程和方法。					
18	对选题有不太清楚的问题时我会深入研究，把它搞清楚。					
19	通过“校园科普日”活动，我学到了其他选题的相关知识。					

续表

题号	题目内容	非常同意	同意	不确定	不同意	非常不同意
20	把讲演文和条目中的内容进行浓缩，是一件很简单的事。					
21	参加“校园科普日”的活动是非常快乐的一件事。					
22	制作展板（或 PPT）的过程中，小组之间的协调配合很重要。					
23	制作科普报道稿的时候，要想科学清楚地表达，并不容易。					
24	如果有机会，我还会参加校园科普。					

1. 在“校园科普”课程中，你最大的收获是什么？
2. 在“校园科普”课程中，最让你开心的事情是什么？
3. 在“校园科普”课程中，你最不开心的事情是什么？
4. 在“校园科普”课程中，你最满意自己的地方是什么？
5. 你还想对这门课说些什么？

（三）学生访谈

在科普课结束后，教师随机选取班级中的几名学生进行访谈。在轻松的氛围中，教师与学生进行“一对一、面对面”的深入交谈。通过访谈，学生可以把自己内心的感受、对课程的认识和建议比较全面地表达出来，这对于整个课程的优化有积极的作用。下面的文字是以“濒危动物保护”选题为例的访谈提纲。

访谈提纲

1. 上了一个学期课，你对“校园科普”这门课感觉如何？
2. 如果用几个词语或短语描述这门课，你会用哪些词语呢？

3. 回顾一下这个学期上这门课的经历，你觉得你对哪一个环节的印象最深刻呢？请你描述一下在这个环节中你都做了些什么。

（提示学生：有老师开题导引、小组讨论、做科普报道稿、科普报道稿交流、准备演讲和制作展板、展板前与其他班学生互动、科普交流大会等几个环节）

4. 你觉得哪一个环节是可有可无的？为什么？

5. 你觉得自己在这门课上做得很满意、很精彩的是哪一部分？

6. 你觉得我们花那么多的人力、物力去保护濒危动物，到底有没有必要呢？为什么？

7. 你觉得这门课怎么改变，会对你的帮助更大，而且你会更喜欢？比如，改变话题，改变上课形式等。

8. 关于这门课，你还有没有其他想说的话？

除了对学生进行形成性评价之外，学校每学期期末举办“校园科普日”，进行展板评比、科普报告会等大型活动，并由学生推荐评选“校园科普之星”“突出贡献奖”“传播科学奖”“优秀科普报道稿”等奖项，对学生进行终结性评价，进一步激励和肯定学生。当然，教师看到的学生的行为变化也应该属于评价范围之内的，总之，我们尝试将各种有利于课程开展、增进学生学习积极性的评价综合在一起，期望达到预期的效果。

第三章

课程实施与典型教学案例

在介绍了精品课程的规划与方案后，本部分具体阐述了课程的实施，并呈现一些典型的教学案例供研究者参考。在课程实施部分，作者说明了选题资源的开发过程及成果，展示了核心教学问题的解决策略。同时，作者给出了“中国的水资源危机”和“从‘多利’的诞生话克隆”两个主题资源的详细设计案例。此外，作者还提供了其他主题资源课例的讲演文，这些课例有详有略，便于借鉴参考。

如何在课程总体设计思想及方案的指导下开展课堂教学，在教学过程中又会遇到哪些问题，如何解决这些问题等，是摆在任课教师面前的现实问题。课程开发团队的教师群策群力，设计教学实施方案，具体到每一节课的每一个具体环节。本章呈现的是教师的教学设计案例、核心教学问题的解决策略以及典型教学案例分析。

第一节　选题资源开发过程及成果

一、选题的确立及撰写

“校园科普”课程主要是培养学生关注科学、热爱科学、传播科学的能力，这有别于其他必修课。正因如此，教学素材的选择和课前准备也就尤为重要。教师在明确课程的目的和意义的基础上，应对所教选题有深入的了解。教师可以用已有选题，也可以撰写新的选题。如何撰写新的选题，撰写的要求是什么呢？我们可以从王绶琯院士的《“校园科普”选题的要求及讲演文、条目撰写的建议》一文中找到答案：

“校园科普”的对象是初中学生，选题应当尽量做到易于掌握、利于启迪，不求系统全面，避免罗列万象。相对而言，科学时事和重大科学事件是比较合适的普及内容。我们的目的是开展素质教育，传播科学知识要着重讲清“科学道理”。方法上应当是先把注意力引到焦点上，如大众关心（或举世瞩目）的科学事件，然后由之“切入”相关的（也就是“必要的”，但不是系统的、全面的）科学道理，当然还可以展开其他话题，如影响、展望等。

它是一种专门为了校园科普实验、按特殊规范编写的“课文形式的科普文章”（即分为事件、原因、影响和措施四个部分）。除了规范化外，我们对“科普文章”写作的主要要求有：(1) 内容可靠，重点分明；(2) 贯彻通俗“说事”的一般科普原则，至少说清其中一个重点内容的科学原理；(3) 表达上逻辑清楚，没有误导。对参考者的建议是：(1) 可以信赖其科学内容，以此为基础进行进一步研究；(2) 必要时可以参考。

根据以上选题和撰写要求，教师需经过选题——收集、整理资料——拟定初稿——讨论、修改——定稿等过程完成一个选题的撰写。

“校园科普”的授课教师来自于生物、地理、物理专业，一般的备课方式已经不再适用，他们可以说是“科普”领域的“门外汉”，用“教学生做科普”的方式授课对他们是一个挑战。同时，撰写新选题更是一个挑战。这不仅需要教师首先学会用科普的语言科学、准确地进行表达，还需要较多时间来准备讲稿，这对于这些兼职教师来说有很大难度，但经过一次次尝试后，教师也就慢慢地走进了“科普”。

选题的确定往往要经过很长时间，无论是经过备课组内教师讨论产生的，还是教师个人感兴趣的话题，都要结合王绶琯院士提出的“科学时事或大众关心的科学问题”以及学生的兴趣点进行筛选。撰写前的准备工作是非常烦琐的，需要收集和整理大量资料，资料来源应是广泛的，而且必须具有科学性。专业书籍、科普书籍、科普杂志、相关网站都是信息的主要来源，而信息的种类包括文字、图片和视频等。经过资料的收集和整理，教师已对选题有了一定的了解，但是如何将这些杂而广的信息归为讲演文撰写要求中的四个部分呢？这需要对选题内容有充分的理解和认识后才能做出。有了四部分的标题，内容的选取和如何用科普语言来表达也是一个难题。习惯了讲授科学知识的教师要试着从科普对象的角度去思考，行文中要尽量展现出科普问题的魅力，用简单、浅显的语言表达清楚一件事情，这对科普教师也是一个挑战。在初稿完成后，第一个读者就是王院士，王院士不仅对撰写提出了要求，而且他对每个选题的讲演文和条目都亲自修改，教师要带着自己的作品去和王院士讨论，往往要经过几轮的修改，大到文章结构层次的变化、题目的变化，小到图片、文字的修改，每次修改都仔细斟酌。“校园科普”讲演文和条目的撰写要求是严格的，写作过程更是可以用艰辛来形容，正是这样一次次尝试，教师才能真正走进科普，学着做科普，进而教学生做科普。

目前，我们已经有10个选题的科普文章，包括讲演文和条目，其中3个改编自联合运作组的其他学校，另外7个为我校教师原创。列表如下：

选题开发清单

序号	选题名称	选题缘由	作　者	撰写方式
1	我们的草原怎么了	关注草原、关注生态	张冬梅	改编
2	该给地球退烧了	关注全球变暖	刘瑾、韦小宁	改编
3	从SARS到禽流感	联系现实生活和健康	孙欣	改编
4	中国的水资源危机	关注水资源短缺	张冬梅	原创
5	从“多利”的诞生话克隆	关注科学发展	孙欣	原创
6	濒危动物保护	关注生态与环境	齐文静	原创
7	太阳风暴	认识太阳	刘瑾	原创
8	地球之肾——湿地	关注生态与环境保护	韦小宁	原创
9	风能	关注清洁能源	李志刚	原创
10	食品添加剂	关注现实生活与健康	孙欣	原创

这些选题分别从不同的领域引领学生走近“校园科普”课程。这些选题可以帮助学生建立“了解科技发展、关注生态环境、学会健康生活”的意识和能力。

二、专家报告

为使学生拓展科学视野、了解科学时事，切身感受科普的魅力，人大附中在北京青少年科技俱乐部的协助下，邀请到不同研究领域的专家来为学生做科普报告，时间固定为每学期的中期，利用 2 课时来完成。学校每学期组织不同专家做报告，使学生聆听到不同领域、不同风格的报告。专家虽然来自各个科研领域，但是他们都用生动形象、浅显易懂的方式为学生做科普。学生在聆听专家报告、与专家互动问答的过程中，既可以扩展和主题相关的知识，又可以了解科学前沿的问题，了解到科学家所做的工作及科学家思维的方式。另外，参加科普报告，学生能够更加明确“科普”的目的和意义，了解科普的方法与技巧，更可以学到专家如何用“科普”语言来为大家讲解生涩难懂的科学问题。同时专家报告也是教师撰写选题的重要参考，是课程内容资源的一部分。

专家报告

报告时间	专家姓名	报告主题	专家简介	参加人数（人）
2009 年 4 月	孙万儒	从我做起：节能减排与低碳经济	中国科学院微生物研究所研究员、中国科学院老科学家科普演讲团专家	400
2009 年 11 月	都培双	新发传染病的预防与控制	中国科学院生物物理研究所感染与免疫中心研究员	80
2010 年 4 月	刘景洋	中国的水资源与水环境问题	中国环境科学研究院	200
2010 年 11 月	张少泉	震撼的大地——地震及其预防	中国地震局地球物理研究所研究员、中国科学院老科学家科普演讲团专家	400
2011 年 4 月	蒋建科	农业——绿色环保卫士	人民日报高级记者	200
2011 年 11 月	郭耕	生态、生命、生活——“知荣明耻说环保，天人和谐话动物”	北京麋鹿博物馆副馆长、中国科学院老科学家科普演讲团专家	400
2011 年 11 月	杨敏	水污染控制	中科院生态环境研究中心研究员	60
2012 年 5 月	欧阳自远	登月计划	中国科学院院士	500

三、网络资源

“校园科普”课程选题应该有丰富的资源，方便教师改编成课程专用的“讲演文+条目”，同时也便于不同地区、不同学校之间的沟通与交流，甚至可以用作课上交流。基于此，北京青少年科技俱乐部与中科院信息中心合作，在科普网开辟了“我爱科学”专栏。这个专栏网络平台收录了大量的专家科普文章，这是“校园科普”课程教师开发选题的丰富资源库。另外，参加“校园科普”课程的学生可以利用这个平台共享资源、交流讨论。各主题的学生分小组建立本组的信息库，每位组员都可以上传学习资料与其他组员分享，还可以对其他组员上传的资料进行阅读和下载，组长可以对每位组员的自主学习进行评价并可组织组员进行讨论。不同学校的教师也可以利用这个平台交流上课进度，讨论课程实施中遇到的问题，分享上课心得等。此平台的优势在于，学生与教师、学生与学生之间的交流和讨论不受时空的限制，更灵活，更开放。

第二节　核心教学问题及解决策略

为了更好地实现“校园科普”课程的目标，我们对课程中的核心教学问题进行了研究。“校园科普”课程是一门有别于课程教育的特设素质教育课，它是一种科普教育，教学生“学科普、做科普、体验集体创作”，用的方法是“科普实践”，有别于一般的教学方法。经过几年的实践、讨论、总结，我们认为核心教学问题有三个：(1) 信息的收集、甄别、筛选和运用；(2) 团队合作意识与能力的培养；(3) 科学呈现与表达。教师只有围绕核心教学问题进行教学设计，在实施过程中提出解决策略，关注教学核心问题的落实，才有利于课程目标的实现。

一、信息的收集、甄别、筛选和运用

“学做科普”的过程，实际上就是了解选题内容，进行内化之后再以科普报道稿或展板等形式呈现和表达的过程。对选题的初步了解可以借助于教师的讲演文和条目，阅读讲演文和条目找出关键信息和自己的兴趣点，这就是对信息的筛选过程。要想深入了解选题内容，可能需要查阅一些相关资料，对于某个选题，学生可以通过各种渠道和途径获得相关信息，如书籍、期刊、报纸、教师或家长提供的资料等，而利用计算机上网对于城市的学生来说是最为便捷的方式了。在制作科普报道稿阶段、确定展板和演讲稿内容阶段，我们都允许学生在机房上网查找资料。学生在网上轻而易举地收集到海量的相关信息，在这些信息当中，哪些是与选题内容直接相关的、哪些与选题关联不大，甚至有些信息是缺乏科学性甚至是错误的，都需要学生能够正确把握事实，甄别、筛选出与自己课题密切相关的、科学的信息。学生确定相关的信息之后再将这些知识内化，形成关于这个选题的完整知识构架，并合理运用，最后用自己的语言表达，制成科普报道稿或展板。显然，在这一过程中，学生对信息的收集、甄别、筛选和运用能力至关重要，我们将其设定为课程的第一个核心教学问题，在教学过程中给予学生指导和帮助，逐渐提升学生对信息的收集、处理和运用能力。

具体解决策略有以下几个方面：

（1）首先学生要学习如何阅读、分析、整理已有的讲演文。在课程的第一和第二阶段，学生要先阅读教师的讲演文和条目，初步了解选题内容。几千字甚至上万字的讲演文和条目，怎样阅读才能找到关键信息？教师可以先组织学生做个训练，从相关的小文章或讲演文里面挑选出一段，带领大家一起阅读，标出每个段落的关键词、主题句，总结出主要内容，并填写表格（见下表）。经过这种训练，学生会领悟到如何有效地阅读文章、提炼信息，并为后面有针对性地收集资料奠定了基础。

阅读记录表 1

记录人：　　　　时间：

你所知道的信息	还想知道的信息（或问题）	对问题的讨论及猜想

（2）在阅读讲演文和参考条目的过程中，由于内容较多，且难易程度不一，学生若通读，花费时间过长不说，还可能出现读过一遍没理解多少内容的问题。因此在阅读之前，可由教师针对具体阅读的材料及核心内容设计几个引导性的问题，让学生一边阅读一边思考。另外，还可以将全班分为几组，每组重点阅读一部分内容，先是每个学生独立阅读，之后再分小组，总结小组各成员从材料中获得了哪些信息并进行综合（见下表），小组成员有不理解的内容也可以讨论解决，之后每组派代表向全班同学简单讲解这一部分的内容和小组的讨论结果，如小组有解决不了的问题，可在全班范围内进行求助，集体讨论，若仍然无法解决（一般是难度较大，学生已有知识不一定能解决的），记录下来，之后可以到网络上查找。

阅读记录表 2

题目	内容摘要
	姓名：
	姓名：
	姓名：
	姓名：
经讨论，对问题的认识：	

(3) 在学生上网查找资料时，教师要要求学生首先查询专业网站，而不能盲目信从百度、谷歌等综合性网站上的信息。教师可以根据相关课题给学生推荐几个专业网站或书籍，如做传染病的课题，可推荐学生上“中国疾病预防控制中心”网站；做濒危动物保护的课题，推荐学生上“野生动物网”。这些专业网站的资料会更加科学、可靠。

(4) 如果需要使用搜索工具进行搜索，就要引导学生学习如何设定搜索关键词。学生收集资料时，搜索的关键词如果定得过大，就会搜到太多与之相关的信息，加大筛选和取舍的难度。搜索时，问题一定要细化，如把“传染病”作为关键词就不合适，而应设定为“病原体”“传染病的传播途径”“免疫接种”等细化问题。

(5) 学生查找到相关资料后，需要认真阅读，通常要“货比三家”——多读几篇，这样能辨别信息的真伪，之后再对信息进行筛选和提炼。这些信息可以帮助学生进一步理解讲演文和条目中的内容，为后面制作科普报道稿或展板及演讲稿积累信息。

二、团队合作意识与能力的培养

在整个校园科普课程中，学生组成团队是活动的主要方式，团队合作的力量在这门课中有着不同于其他课程的作用。现在的中学生大多是独生子女，经常陪伴学生的是各种电子产品，学生缺乏团队合作意识；做事习惯以自己为中心，沟通交流能力差；也缺少妥协的胸怀，面对不同意见时容易用激烈或消极的方式处理。还有一种情况，学生知道要合作，但不知道该怎样合作，缺乏这种能力。所以，中学生创新能力的培养要素中有关创新人格培养的三项内容中多次涉及团队合作。如在认知特征中提到“能接受不确定性，尊重反面意见”，在情感特征中提到“培养社会责任感，能乐观面对困难和挑战”，在行为特征中提到“能做到自我管理，能与他人合作”。校园科普课程的设计特别强调激发学生的参与感和成就感，因而课程中培养团队合作意识与能力就成为核心教学问题之一。

具体解决策略有以下几个方面：

（一）形成学生团队

形成学生团队的基本原则是自愿，方式可以有以下几种：

一种是在课程刚开始就安排学生组成团队，学生根据平时的交往自动形成小团队，团队形成之后，在各种活动中不断磨炼，增强凝聚力，在课程的第三阶段根据团队成员意见接受任务。这种学生团队的特点是形成早，每个学生在整个课程中一直在同一个团队中，学生的归属感较强，因而团队意识较强。

另一种是在课程的第三阶段才开始形成的团队。在课程进行的前两个阶段，学生不用形成团队，每个学生独立完成课堂任务。根据前半段的学生表现，在第三阶段开始时，可以发挥某些学生的特长，以这些学生为骨干，由他们组织形成团队，然后学生以团队为单位接受任务。这种团队的特点是形成的时间虽然较短，但是团队活动的目标明确，因而活动的效率较高。

第三阶段形成团队的方式中，在完成“科普报道稿制作”过程中是否也需要暂时的团队呢？确实需要，比如互相提出修改建议等。那么，这个团队可以按照班级座位形成大约 4 人一组的临时小团队。团队成员只负责第二阶段的任务，即完成科普报道稿的撰写任务。当课程进入第三阶段之后，学生可以再次形成新的团队，接受第三阶段的任务。这种团队的特点是学生在课程中可以参加不止一个团队，因而可以与更多的同学交流、合作，更充分地锻炼合作能力。

（二）提升团队的合作意识和能力

首先，在团队形成之初，就有“小组宣言”这个环节。这是小组的第一次活动，一定要全员参与，最好有小组宣言的设计稿，每个学生展示时能有发言的机会。在这次小组宣言的准备过程中，由组长组织大家讨论发言的内容和形式，每位同学都积极主动地出主意、想办法，力争使本小组的发言精彩。上台展示的时候，更是全组学生分工合作，分别从不同的角度介绍本组的优势特点等。这是小组的第一次亮相，也给学生提供了锻炼和培养团队合作能力的一次机会。

其次，在团队形成后，争取每次课都能够有一定的小组活动时间，活动后都要有一个小组汇报，这样团队合作意识和能力才能不断增强。比如，在每一次讨论之后，小组要选派一名学生代表发言，汇报本组讨论的情况和结果；每次课结束之前，各组选派代表对本小组这次课上的具体表现进行评价，对认真工作、努力付出的同学给予表扬，对后面的工作开展提出希望等。

再次，争取每次团队活动之后都安排一定的评价。可以是团队内部成员之间的表现评价，也可以是各个团队之间活动状况的评价（具体内容见第二章第四节）。积极的评价可以增加学生对自己的团队的认同感，同时对学生的活动起到督促的作用。

最后，每个团队的负责人很重要。在活动中，特别要重视团队负责人的责任意识的培养，因为每次活动都是在组长的组织、协调下进行的。正是在这样一次次活动的具体组织和协调过程中，组长的责任意识和组织、协调能力不断增强。

（三）加强分工与合作

在“校园科普”课程实施过程中，学生小组的分工与合作表现得非常突出，尤其是在第三阶段制作展板和准备演讲稿、制作 PPT 这一环节。

如果说科普报道稿主要以学生个人制作为主，那么科普展板及科普幻灯片的制作则是团队合作的成果。学生在团队中不断相互学习协作，与人沟通分享，尝试达成共识，最终完成任务、展示成果。主题的选择、版式的设计、资料的选取、图片的绘制，无一不包含着团队成员的心血与智慧。当然，这个过程，只要成员认真思考，有不同意见在所难免，探讨、争论都可能出现，在争论到达成一致意见的过程中，学生很好地锻炼了表达能力，培养了个人服从团队的意识。还有最主要的一点，当整个团队形成统一想法时，落实和完成自己的任务也能很好地培养学生的责任意识，提高他们的实践能力。

下面是演讲组和展板组的组内分工和工作计划表格（见下表），在展板和 PPT 开始制作前使用，主要用于组内分工和对本阶段工作进度进行前期安排。它可以很好地明确组内分工，保证全员参与，督促学生进行准备。展板组在开始动手制作之前需设计好展板初稿，每组一份。

演讲组分工合作记录表

演讲第____组	主题：					
分工	组长	演讲	PPT 制作			素材收集
			图片编辑	文字编辑	PPT 整理	
姓名						
学号						
时间进度安排： 第 13 周： 第 14 周： 第 15 周： 第 16 周：						

展板组分工记录表

展板第____组	主题：					
分工	组长	展板解说	展板制作			素材收集
			排版	文字	绘图	
姓名						
学号						
时间进度安排： 第 13 周： 第 14 周： 第 15 周： 第 16 周：						

这种分工表明确了个人在组内的职责，同时体现了小组同学之间的合作。它看似简单，有的学生也不以为然，但它的存在使得大家分工明确，责任意识明显增强，也便于后期的评比表彰。

在课程进行中，学生组成的团队是学生活动的主要方式，但是班级也是学生参与“校园科普”课程的一个基本的团队。在课程的最后展示阶段，学生的成果实际上是以班级为单位展示的。所以，班内的各个团队之间还是要积极合作。教师可以提示学生：班级中的“特长人才”不是某个小团队的“私有财产”，他们更应该是能够在各个团队之间“共享”的“公共财富”；不同团队之间的创意也是可以借鉴的。只有这样才能使学生在活动中更广泛地体会到沟通、合作的乐趣。

三、科学呈现与表达

“校园科普”课程的目的之一是提升学生“关注科学、热爱科学、传播科学”的能力和素养。在学生能够很好地了解选题、将科普知识内化成为自己知识系统的一部分后，如何更好地传播科学则是科普课程最重要的一件事情。在这里，科学的传播以各种方式呈现在我们面前，如科普报道稿、演讲、展板及其他自由创意等形式。不论哪一种形式，呈现的内容是不是丰富合理、逻辑清楚，语言是不是科学准确，甚至学生展示自己作品时的站姿、表情、与他人交流的眼神、语速的快慢等，都需要教师随时加以关注和指导。

具体解决策略有以下几个方面：

（1）在制作科普报道稿阶段，我们要求学生在每次下课时上传自己的报道稿，以便教师课下能够及时了解学生的进度并给学生在报道稿上直接批注，指出优点和不足，使学生尽快完善自己的成果、不断提高。有的学生在科普报道稿阶段前后共上交了四稿，甚至五稿，每一稿都不同，都在上一次的基础上前进了一步。

（2）科普展示汇报是“校园科普”的最后阶段，也是最精彩的阶段。每个班的课题汇报小组将代表本班向全年级同学做科普展示汇报，同时解答听众的提问，专家组要对他们的演讲进行点评。

①为了能逻辑清晰、语言简明地表达一个科学话题，我们要求学生提前写出演讲稿，逐字逐句进行修改，并在小组和班内进行试讲演练，由此来训练学生的演讲技巧和科学表达的能力。教师要引导学生不照演讲稿直白地读出来，而在理解的基础上用自己的语言加以表述，鼓励学生将自己的表述过程转化为一个流程图，每个图中只有几个关键词，看着图和关键词就能够清晰地表述，

这确实需要花一番工夫。常言道:“台上一分钟,台下十年功。”正是这样科学、严谨的练习,才促成了学生科学、严谨地呈现与表达。

②为了能让演讲更具吸引力,学生精心制作本班的 PPT,以新颖的标题、精美的图片、简洁明了的文字吸引听众。比如,在“我们的草原怎么了”课题中,学生在演讲的同时还配上了优美的草原音乐来展示草原之美,呼吁人们保护草原。为了更生动地表现课题内容,一些计算机水平较高的学生还制作了 Flash 动画来辅助演讲,如温室效应的原理,气候变暖对洋流的影响,过度放牧等,每一份 PPT 都是学生创造能力和动手能力的体现,他们表现出来的技能和想象力让同学、老师、专家赞叹。

③为了达到更好的演讲效果,演讲时我们要求学生要面带微笑、声音洪亮、体态自然,还要关注听众的反馈,及时调整自己的发言,同时也要注意语言表述不能过于生活化,要科学、严谨。试讲时由本班同学提问和点评,学生提出的问题往往具体又尖锐,督促汇报小组加强对课题的深入了解及对细节的关注。在最后的科普报告大会上,也安排了由演讲人现场回答听众和评委问题的环节,这需要学生迅速思考并组织语言做出解答,锻炼了学生快速反应和顿悟的能力。

(3)为鼓励学生发挥想象力和创造力,做出新颖别致的作品,我们还特别设置了自由创意组,为学生提供更广阔的表现空间。自由创意组的学生呈现的作品同样丰富多彩,别具一格。在“太阳风暴”课题中,有一组学生设计了一副“太阳”科普扑克牌,每一张牌上都画有关于太阳的科普小漫画以及简要文字介绍,一共 54 张,张张精美却各不相同,表现出了很高的想象力和创造力。还有的学生为本班课题设计调查问卷和宣传海报,为“校园科普”课程设计了徽标等。

总之,多样的展示方式强烈地激发了学生的参与感和成就感,训练了学生的逻辑思维和表达能力,充分发挥了学生的想象力和创造力。

第三节　“中国的水资源危机”主题教学设计案例

本案例是以“中国的水资源危机”这一选题内容为载体的阶段教学设计和课时教学设计。“校园科普”课程是以选题为载体进行的，在不同的选题背景下，课程实施的步骤和策略大体相同，细节上有差异，但最终都可以达到预设的目标。因此，本教学设计对于使用不同选题为载体的校园科普都是有参考价值和意义的。

一、阶段教学设计

“校园科普”课程是排在课表中的正式必修课，每班每周 2 课时连排，按照每学期 18 周计算，共计 36 课时。根据每阶段任务的不同，整个学期分为四个阶段：认识选题，明确任务；制作文稿，呈现观点；团队合作，打造精品；形成成果，展示汇报。

第一阶段，认识选题，明确任务

1. 阶段教学目标

（1）知识与技能目标

①认识课程，明确任务。

②了解“中国的水资源危机”这一选题的四个部分，正确把握事实。

（2）过程与方法目标

学习获取有效信息的途径和方法。

（3）情感态度与价值观目标

激发兴趣，调动学生参与的积极性。

2. 课时规划

主要内容	课时	核心教学活动
课程引入和介绍	1	1. 让学生观看视频《人大附中校园科普》。 2. 介绍校园科普课程。 3. 引导学生讨论“校园科普”与以往参加的科普活动有什么不同。 4. 明确为什么要开设这样一门课程。
选题简介	1	1. 新闻图片引出话题“中国的水资源危机”。 2. 视频展示中国水资源危机的几个方面。 3. 针对以上几个方面，介绍出现水危机的原因和影响以及应对的措施。

第二阶段，制作文稿，呈现观点

1. 阶段教学目标

（1）知识与技能目标

①通过阅读讲演文和条目，找到自己的兴趣点，进行提炼和概括。

②通过查阅资料，对获得的信息进行筛选、整理，进一步认识选题。

③学习用自己的语言表达选题内容。

（2）过程与方法目标

①学习使用 Word 编辑器制作科普报道稿，锻炼科学表达的能力和电脑制作能力。

②通过科普报道稿展示点评和提问环节，锻炼传播科学的能力，学习评价交流的方法。

（3）情感态度与价值观目标

①在科普报道稿展示过程中培养自信心。

②通过与科普专家交流互动，增强传播科学的社会责任感。

2. 课时规划

主要内容	课时	核心教学活动
了解选题内容	4	1. 阅读讲演文和条目。 2. 问题讨论与梳理。 3. 资料搜集与筛选。 4. 科普报道稿文稿撰写。
制作科普报道稿	4	1. 优秀科普报道稿展示及学习 Word 编辑器的使用。 2. 使用 Word 编辑器制作科普报道稿。 3. 科普报道稿评议与修改。
科普报道稿展示汇报	2	1. 学生展示汇报。 2. 练习点评和提问。
总结与点评	1	颁奖总结。
专家科普报告	2	听报告，与专家交流互动。

第三阶段，团队合作，打造精品

1. 阶段教学目标

(1) 知识与技能目标

在深入了解选题内容的基础上，撰写演讲稿，用新颖、独特的方法讲清楚一件事情。

(2) 过程与方法目标

学习设计并制作展板和 PPT，呈现选题内容，锻炼交流表达能力、设计制作能力等。

(3) 情感态度与价值观目标

以组为单位制作展板和 PPT，培养与他人合作的意识以及乐观面对困难和挑战的精神。

2. 课时规划

主要内容	课时	核心教学活动
分组与任务布置	2	1. 分组。 2. 小组宣言。 3. 布置任务。 4. 小组分工。
分组制作展板与 PPT	12	1. 展板设计与演讲稿撰写。 2. 展板文稿撰写与 PPT 制作。 3. 展板制作与 PPT 制作。 4. 演讲组班内预演。 5. 展板制作与 PPT 修改。

第四阶段，形成成果，展示汇报

1. 阶段教学目标

(1) 知识与技能目标

通过科普报告会及展板展示互动活动，全面展示对选题的认识和理解。

(2) 过程与方法目标

通过科普报告会及展板展示互动活动，学习科普演讲的技能。

(3) 情感态度与价值观目标

通过科普报告会及展板展示互动，培养传播科学的自信心和责任感。

2. 课时规划

主要内容	课时	核心教学活动
展示汇报与评价交流	6	1. 展板组互换讲解。 2. 自由展示与评奖。 3. 科普报告会与颁奖。 4. 展板展示互动——“校园科普日”。
总结与感悟	1	学生交流表达一学期以来的收获和体会。

二、课时教学设计

如果按照每课时一个教学设计，应该写36个教学设计，但是“校园科普”课程有它的特殊性，就是在某一阶段学生可能在几个课时里都在做一件事情，比如制作展板，因此没必要每课时一个教学设计。以下共13个教学设计，涵盖了一学期36课时的全部内容。

课时教学设计1

<table>
<tr><td colspan="2">教学的基本信息</td></tr>
<tr><td>课题</td><td>“校园科普”课程介绍</td></tr>
<tr><td>单元
（或主题）</td><td>第一单元，引入课程，激发兴趣</td></tr>
<tr><td colspan="2">教学内容分析及学习者分析</td></tr>
<tr><td colspan="2">1. 教学内容分析
“校园科普”是一门新开设的课程。这是一门什么样的课程？它和其他学科的课程有什么不同？为什么要开设这样一门课程？学生上课之前通常会有这样的疑问。因此这节课作为整个课程的开始就要解决以上问题，让学生了解课程的内容和性质，明确整个学期的任务和进行的方式，激发学习的热情，提升参与的积极性。这节课能否把学生的积极性调动起来，将直接关系到后面一个学期的活动开展，也是引导学生达到“关注科学、热爱科学、传播科学”这一课程目标的关键。
2. 学习者分析
初二年级的学生知识面比较宽，愿意接受新事物，对事物的认识有自己的观点，都有一定的展板制作能力和演讲表达能力及合作交流意识，但缺乏亲近科学的情感和传播科学的意识与能力。本节课在引导学生了解课程内容、明确任务的基础上，调动学生参与的积极性，激发学生“做科普”的愿望。</td></tr>
<tr><td colspan="2">教学目标</td></tr>
<tr><td colspan="2">1. 通过观看视频，知道“校园科普”课程的活动内容与方式，激发参与的热情。
2. 通过讨论科学、科普与我们的关系，明确课程开设的目的，增强“关注科学、热爱科学、传播科学”的社会责任感。</td></tr>
</table>

续表

<table>
<tr><td colspan="4">教学重点和难点</td></tr>
<tr><td colspan="4">重点：引导学生了解“校园科普”课程的环节和意义，激发学生参与的热情。
难点：激发学生参与的热情和传播科学的社会责任感。</td></tr>
<tr><td colspan="4">教学流程</td></tr>
<tr><td colspan="4">目标 | 教学素材 | 学生活动
认识课程，激发兴趣 — 视频《校园科普》 — 观看视频，发表见解
明确任务，产生关注 — 图片介绍四个阶段 — 了解任务，期待自己的表现
增强传播科学的社会责任感 — 科学和科普与我们的关系 — 讨论交流，明确目标</td></tr>
<tr><td colspan="4">教学过程</td></tr>
<tr><td>教学环节</td><td>教师活动</td><td>学生活动</td><td>设计意图</td></tr>
<tr><td>创设情境，进入主题</td><td>这学期同学们的课表里多了一门新课——“校园科普”，你参加过校园里的这一活动吗？你知道这是一门怎样的课吗？</td><td>谈一谈见过的校园中的此项活动或对这门课的认识。</td><td>激发学生的兴趣。</td></tr>
<tr><td>认识课程，明确任务</td><td>播放视频《人大附中校园科普掠影》，组织学生讨论：
1. “校园科普”是一门什么样的课程？
2. 该课程与其他课程有什么不同？
3. 课程分为哪几个阶段？
4. 你喜欢参与哪一阶段的活动？
5. “校园科普”课程和你以前参加过的科普活动有什么不同？</td><td></td><td></td></tr>
</table>

续表

认识课程，明确任务	教师介绍课程： “校园科普”是作为全民科学素质教育的一个实验而设计的初中科普教育课程，王院士认为，几千年的科学知识传授已经形成了行之有效的方法体系，但是校园科普属于素质教育，需要建立一个新的方法体系。因此，我们的“校园科普”不是讲授科普知识，也不是做科学研究，而是教师和学生一起学做科普。 校园科普课程分为四个阶段：第一阶段，课程引入、兴趣激发。第二阶段，制作科普报道稿。每位同学在了解选题的基础上制作一篇科普报道稿，并在班级讲解、优秀作品还会在年级展出。第三阶段，制作展板、准备演示文稿或其他呈现方式。这一阶段的课程都是以小组合作的方式来完成的，学生通过分工与合作、切磋与讨论，激发参与感和成就感。第四阶段，展示汇报。展示汇报有两种形式：一种是展板展示互动，由展板组学生向全年级甚至全校的同学做选题介绍，进行提问互动，营造浓浓的校园科普氛围。另一种是科普报告会，报告会上，演讲组的学生就是一个个小科普专家，他们向同学们做科普报告，并接受教师和同学的提问。通过一学期的“校园科普”，学生不仅锻炼了收集资料获取信息的能力、设计展板演讲表达的能力以及团队合作沟通交流的能力，更重要的是培养了“关注科学、热爱科学、传播科学”的意识。 校园科普课程： 必修课；用科普的方法；关注热点话题、重大科学事件；老师和同学共同完成一件事；强调参与感和成就感；强调团队合作。具体来说，“校园科普”就是一个班一个学期一个课题一套展板一次报告。参加“校园科普”的班在一个学期中集体负责一个选题的科普，在老师的辅导下，全班学生共同完成一组科普展板的创制，并向全年级作该选题的科普报告。当然也可以有其他呈现的方式。全班同学在同一选题背景下，在认识理解选题的基础上，以各种不同的方式呈现给别人，让别人了解你所做的科学选题。 显然，在这门课上，同学们是活动的主体，团队合作是成功的钥匙。	观看视频，感受课程。 依据视频，交流发言，明确课程的内容、性质和任务。 认真倾听，找到适合发挥自己特长的环节。	用最直观的方式引发学生参与的兴趣。 通过引导学生对这门课畅想，获取、加工视频信息，调整对这门课的认识，激发学生接受新事物的兴趣。

续表

深入讨论，明确意义	提出新问题： 我们为什么要开设这样一门课？ 提供讨论素材，引导学生思考： 1. 没有科学，人类无以至今日的成就。 2. 没有科普，人类可否有个美好的未来？ 《大众科学月刊》的创办人爱德华·利文斯顿·尤曼斯说：“创造科学的工作进行了数个世纪，但是传播科学的工作显然是文明的下一个巨大使命。” 我们希望通过校园科普，不仅体验“做科普”的过程，更重要的是在这样的过程中培养尊重科学的习惯、理解科学的能力和关心科学的感情，所以“校园科普”这门课程不是教大家一些科普知识，也不是搞科研，只是培养大家关注科学、认识科学的意识和能力，如果我们能形成“学科学、爱科学”的自觉，那么将来我们才会用科学。	各抒己见。 联系生活实际谈科学与自己的关系，认识科学技术发展与生活息息相关。 进一步明确科学普及的重要性。	通过讨论交流，增强传播科学的社会责任感。
激励展望	“校园科普”就是这样一门课程： 在学做科普的过程中，提升科学素养；增强多方面能力；培养团队合作精神。这是一门活动课，积极的参与才会有收获，而且每个人都有展示自己才能的机会，只要你愿意！期待着你的精彩发挥！	充满期待，跃跃欲试。	
板书设计			
学校科普；提升科学素养；培养团队精神。			
教学反思及改进措施			
这是这门课程的第一节课，之前拟以“北京奥运科技”为题展开讨论，帮助学生认识科学技术的发展与生活的关系，从而使学生认识科学普及的重要性，但这种切入显得比较突兀，不如在有前期课程积累的情况下先介绍课程、感受课程，再讨论开设课程的目的意义，这样学生在讨论的时候就会言之有物，不显得空泛。 这节课的重点在于调动学生参与的积极性和激发学生传播科学的社会责任感，因此，教师应在这两方面多引导学生，让学生感受到这是一门新颖、有趣、有意义的课。			

续表

特别关注
对教学条件的要求：普通教室、有投影。 教学组织与实施中的难点：激发学生参与的兴趣。 学习资源：视频《人大附中校园科普掠影》；制作的 PPT。

课时教学设计 2

教学的基本信息	
课题	介绍选题“中国的水资源危机”
单元（或主题）	第一单元，引入课题，激发兴趣
教学内容分析及学习者分析	
1. 教学内容分析 学做科普首先需要了解选题内容。“中国的水资源危机”这一选题按照人们对问题的认知需求——什么事件、为什么发生、有哪些影响及应对的措施，分为四个部分：中国的水资源概况；水资源危机的原因；水资源危机的影响；缓解水资源危机的措施。每部分以科普的语言作了概括性介绍，并在适当位置留白配以相关条目以便学生展开查阅。这一课时的选题内容简介相当于教师抛砖引玉，做一个简短科普报告的示范，学生在了解并关注选题内容的基础上，进一步查阅资料，以便后期用多种形式呈现对选题的认识和理解。 2. 学习者分析 学生对“中国的水资源危机”这一选题有所认识，但通常都是一些零散的片段。通过这一节课的学习，学生能把已知的零散片段归类，结合教师的简介明确从哪四个方面能比较完整地讲清楚一件事情，同时引起对“中国的水资源危机”这一选题的关注。	
教学目标	
1. 从不同的途径获取选题信息，为后期的呈现奠定基础。 2. 引起对“中国水资源危机”这一选题的关注。	
教学重点和难点	
重点：引导学生获取选题信息。 难点：引发学生对选题的关注。	

续表

教学流程

目标	教学素材	学生活动
引发对水资源话题的思考	新闻图片	看图片，展开联想和讨论
↓ 拓展对水资源话题的认识	视频片段	观看视频，提升认识
↓ 初步了解水资源选题的内容	演示文稿	听取介绍，获取选题信息

教学过程

教学环节	教师活动	学生活动	设计意图
引入	展示“西南五省市干旱”图片，给出新闻背景。引导学生讨论：你还知道哪些关于我国水资源危机的事件？	看图片引发思考，讨论交流已知的相关新闻事件，感知水资源危机带来的严重影响。	从新闻图片入手，联系近期发生的重大事件，引起学生的关注。
延伸	展示电视系列片《水问》片段，引导学生思考：中国是否存在水资源危机？水危机是否真的已经到来？中国的水资源现状如何？引起水危机的原因是什么？水危机会给我们带来哪些影响？我们该怎么办？	观看视频，认同中国存在水资源危机，并思考、讨论、交流相关问题。在讨论交流中逐步形成对中国水资源危机这一选题的概括性认识——概况、原因、影响和措施四个方面。	借助视频，引发学生更加直观地思考水资源危机的状况、原因、影响等。

续表

选题介绍	利用PPT介绍“中国的水资源危机”这一选题： 一、中国的水资源概况 (1) 地球上可利用的淡水资源是极其有限的。 (2) 我国的水资源概况。 (3) 北京的水资源状况。 北京市人均水资源占有量不足300立方米，是全国人均水资源量的1/8、世界人均水资源量的1/30，远远低于国际人均500立方米的极度缺水下限。北京属极度缺水地区。 二、水资源危机的原因 1. 自然因素 (1) 人多水少，水资源严重短缺——我国人均水资源量不足2200立方米，仅为世界人均占水量的1/4，世界排名110位，被列为全球13个人均水资源贫乏国家之一。我们要用占世界6%的淡水资源去养活占世界22%的人口。 (2) 地区分布不均，水土资源不相匹配——南方水多，北方水少。 (3) 年内年际分配不匀，旱涝灾害频繁。 2. 人为因素 (1) 人口增加、经济发展对水的需求越来越多——海河流域是中国最为缺水的地区，人均只有293立方米。同20世纪50年代比，这些年人口增加一倍，灌溉面积增加6倍，GDP增加30多倍，使得总用水量增加了4倍，大大超过水资源的承载力。 (2) 水资源污染波及全国——据调查，目前中国有三分之一的河流、湖泊受到严重污染，有90%以上的城市水域受到不同程度的污染，几乎所有的农村地区正在遭受饮用水不安全因素的威胁。 (3) 用水效率低——城市生活和工农业用水都存在大量的浪费。工业用水重复利用率远低于先进国家75%的水平。 (4) 过度开发地下水——地下水超量开采的直接后果是地下水位持续下降，漏斗范围不断扩大。 水危机的主要原因是人为因素造成的。	听取选题介绍，详细了解选题内容，引发思考，提出问题。	抛砖引玉、简短示范，给学生留白，引领学生进一步查阅资料，深入了解选题。

续表

选题介绍	三、水危机带来的影响 没有水的地方人就不能生存。水资源危机影响着工农业生产，影响着经济建设，影响着城市发展，甚至影响着每个人的身体健康和日常生活。 四、缓解水危机的措施 (1) 加强水资源管理——水资源属于国家所有，必须要加强管理、统筹兼顾。(2) 调节水源流量，增加可靠供水——建造水库、南水北调、污水治理…… (3) 增加可靠供水，还可以利用海水淡化技术、合理利用地下水等。(4) 减少浪费，提高水的利用率——如果我们把全国工业用水的平均重复利用率从目前的20%提高到40%，每天可节水1300万吨，相应的节省供水工程投资26亿元，节水量和经济效益都是相当可观的。(5) 树立惜水意识，注重节约用水——节水要从爱惜水做起，养成爱护水、时时处处节约水的好习惯。		
小结	通过选题介绍，你对“中国的水资源危机”这一选题有了哪些认识？你还想了解哪些内容？解决哪些问题？下节课我们将通过阅读讲演文和条目继续探讨。	在原有的认知基础上，提出想进一步解决的问题，有待深入研究。	引起学生关注，使学生保持兴趣。
板书设计			
概况；原因；影响；措施。			
教学反思及改进措施			
选题介绍是对学生的一个引领，应短小精悍，引发学生的关注即可，不必长篇大论、讲得面面俱到，一定要给学生留白，留有继续探索的空间。选题的引入很重要，重大事件、图片新闻等易于引起学生的关注。			

续表

特别关注
对教学条件的要求：有电脑和投影的教室。 教学组织与实施中的难点：引发学生参与讨论，将学生对选题认知的零散片段汇总成四部分——概况、原因、影响和措施。 学习资源：自制 PPT、电视系列片《水问》视频片段和图片。

课时教学设计 3

教学的基本信息	
课题	了解选题内容，确定科普报道稿主题
单元 （或主题）	第二单元，认识选题，初步呈现
教学内容分析及学习者分析	
1. 教学内容分析 “了解选题内容，确定科普报道稿主题”这一课题需要 4 课时完成。第 1 课时，阅读讲演文和条目；第 2 课时，问题讨论与梳理；第 3 课时，资料的收集与筛选；第 4 课时，科普报道稿文稿撰写。通过这样四课时的活动，学生对选题有了较全面的认识和了解，在阅读中遇到的问题可以在讨论交流中得到解答，最终确定一个自己感兴趣的话题，选择相关材料，用自己的语言撰写科普报道稿的文稿。 2. 学习者分析 对于选择相关材料，用 Word 编辑器制作成图文并茂的小报，学生在其他学科中也有过尝试和运用，但科普报道稿的制作特别强调科学、准确、简练的语言表述，这是学生以往没有训练过的。这四节课引导学生在阅读讲演文和条目的基础上探讨和解决问题，达到使学生深入了解选题内容的目的，之后学生通过对信息的筛选和浓缩，练习用自己的语言科学地进行表述，达到学会使用科普语言的目的。	
教学目标	
1. 在阅读讲演文和条目的过程中，提升获取信息的能力。 2. 知道科普报道稿是科普呈现的一种方式，练习用自己的语言进行科学表达。 3. 在小组讨论过程中，提升交流表达能力与团队合作意识。	
教学重点和难点	
重点：引导学生阅读讲演文和条目，了解选题内容，在此基础上练习用科学的语言进行表述。 难点：引导学生用自己的语言科学地进行表达。	

续表

教学流程

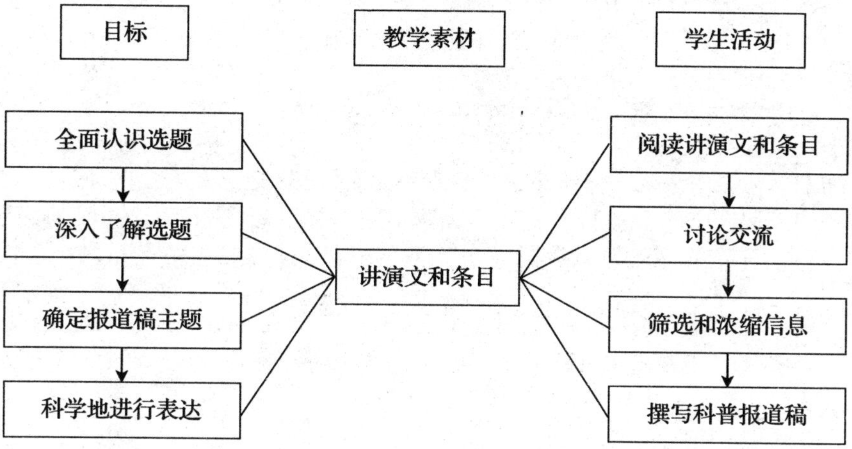

教学过程

教学环节	教师活动	学生活动	设计意图
第1课时，创设情境，明确任务	热身活动：阅读小文章，提取主要信息。 从今天开始，我们进入第二阶段的学习，在这一阶段，每位同学都要在了解选题内容的基础上制作完成一篇科普报道稿。所谓科普报道稿，就是在理解选题内容的基础上，用自己的语言科学准确地讲清楚选题的某一部分，配以图片并设计排版。 我们将用4课时来了解选题，梳理内容，选定主题，撰写文稿，之后用5课时到机房用Word编辑器来制作科普报道稿，再后有3课时的展示汇报。 要做出一篇好的科普报道稿，首先要了解选题，其次要写出科普文稿，最后要进行排版设计。首要的功课是要阅读讲演文和条目，获取有效信息，之后才能创造性地使用信息。 提出阅读要求：每人都要通读所有资料，先对选题有全面的了解，之后对自己感兴趣的部分（子课题或条目）进行认真阅读、深入理解，记录问题，在组内交流时谈自己的认识。 下发复印的讲演文和条目。	阅读、提炼并记录主要信息，表达交流。 明确任务和要求。 阅读讲演文和条目。	创设情境，明确任务。 校园科普属于任务型教学，进入第二阶段的教学后，教师首先要让学生明确任务是什么、要用多长时间完成、完成后如何展示等，这样学生工作起来才有动力。

续表

第2课时，理清脉络，表达观点	交流要求：四人一组，分工合作，填写讨论记录表。交流内容：1. 对感兴趣部分（子课题或条目）的理解，四人不能重复；2. 阅读讲演文和条目后提出问题。选派代表在班上汇报小组的交流情况。 交流时间：10分钟。 汇报内容：本组讨论过程中的精华部分、四人选择的内容、表现最突出的个人。 汇报方式：每组选派一名代表进行汇报。 汇报时间：每组1～2分钟。 组织各组进行汇报，并给予适当点评和总结。	明确要求，做好准备。 四人一组，确定记录员和发言人，之后展开讨论。 各组发言人进行展示汇报。	讨论和交流有利于学生对选题内容的认识和理解，汇报让学生有展示自己、表达见解的机会，有利于培养学生的交流表达能力与合作意识。
第3课时，筛选信息，确定主题	建议学生根据讨论结果确定科普报道稿主题，并进一步对选定主题的相关内容进行筛选、整合、浓缩。	确定科普报道稿主题，给科普报道稿起一个合适的题目，再次阅读自己选定的内容，并对这部分内容进行筛选、整合与浓缩，考虑用怎样的方式进行表达。	让学生在讨论的基础上对自己感兴趣的部分更加明确，练习对资料进行筛选整合与浓缩。
第4课时，科学表达，撰写文稿	要求和建议： 结合讲演文和条目内容，用简单明了的词句进行表达，表达内容翔实、准确，语言通顺、流畅。用自己的语言科学地表达，完成科普报道稿的文字部分；字数600字左右。	撰写科普报道稿文稿。	引导学生练习用自己的语言进行科学表达。
板书设计			
分工合作；科学表达；阅读讲演文；撰写科普报道稿。			

续表

教学反思及改进措施
引导学生阅读讲演文和条目时，在教室里发给学生复印的资料效果更好，如果到机房发放，机房有很多让学生分心的地方，不利于任务的完成。讨论环节要给学生提出具体的讨论题目，否则学生不知道该讨论什么，也就不能达到深入了解选题的目的。科普文稿的撰写务必要求学生用自己的语言表达自己的思想，杜绝复制粘贴，否则就达不到训练科学表达能力的目的。
特别关注
对教学条件的要求：普通教室。 教学组织与实施中的难点： 1. 阅读复印的讲演文和条目比较枯燥，教师需要引导学生像查阅字典一样阅读相关条目，并记录自己想到的问题。 2. 讨论交流过程需要组织和点评，这样讨论才更有意义。 学习资源："中国的水资源危机"讲演文和条目、讨论记录表。

课时教学设计 4

教学的基本信息	
课题	制作科普报道稿
单元 （或主题）	第二单元，认识选题，初步呈现
教学内容分析及学习者分析	
1. 教学内容分析 学习使用 Word 编辑器制作科普报道稿是这一阶段的任务。这部分内容共分 4 课时，第 1 课时欣赏优秀科普报道稿，学习 Word 编辑器的使用；第 2、3 课时制作；第 4 课时交流评价与修改。多数学生会用 Word 编辑器进行基本操作，通过这次使用可以实现普及。科普报道稿制作包括科普文稿的撰写和排版设计，科普文稿要求科学准确、浅显易懂，学生要真正用自己的语言表达清楚还是很有难度的，教学生尝试用自己的语言表达自己的观点、表达自己对选题的理解是关键。 2. 学习者分析 学生通常会认为科普报道稿就是科普小报，很容易完成，复制、粘贴就可以了。而学生真正对选题内容了解，有自己的理解和认识，用自己的语言表达出来，是我们要达到的目的，在此过程中，锻炼了学生整理归纳信息、浓缩信息的能力，提升了学生科学表达的能力。	

续表

教学目标

1. 学习使用 Word 编辑器。

2. 练习用科学的语言进行表达。

3. 在相互评价科普报道稿的过程中，学习评价方法，提升交流表达能力，懂得欣赏别人。

教学重点和难点

重点：引导学生制作一篇科普报道稿。

难点：引导学生学习用自己的语言科学地进行表达。

教学流程

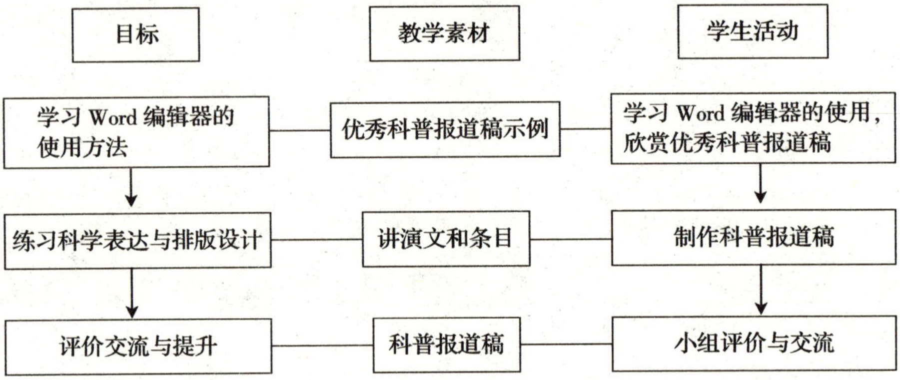

教学过程

教学环节	教师活动	学生活动	设计意图
明确要求，学习技能	展示学生以前制作的优秀科普报道稿。 科普报道稿的制作要求： 1. 每人完成一份科普报道稿，使用 Word 编辑器制作在一张 A4 纸上面。 2. 每份科普报道稿要求文字在 600 字左右，正文用 4 号或小 4 号字，可插入 2～3 幅图片。版面为一张 A4 纸大小（纵向）。给出标题（具有吸引力）；写出科普文稿（用自己的语言科学地表达清楚一件事情）；排版设计（字体设计、图表插入、背景边框等）。 3. 在班内交流展示部分作品，并推荐优秀科普报道稿在年级展出。	欣赏，明确努力方向。 明确要求。 学生代表讲解 Word 编辑器的使用方法。	给学生一个标准，让学生明确努力方向。 让学生为学习技能做好准备。

续表

制作科普报道稿	巡视指导学生修改科普文稿；指导学生排版设计。 教师要关注学生的制作进展，帮助学生解决提炼文字和 Word 编辑器的使用方面的问题，更要鼓励学生之间互相帮助，实现全体学生在制作科普报道稿的过程中都有收获。	将之前的科普文稿录入，并进行修改；给科普文稿起一个吸引人的题目；进行排版设计。	引导学生练习科学表达，提升学生的操作技能。
反复修改，不断完善	课下，教师对学生上交的初稿有针对性地提出修改意见和建议，以便学生下一次修改。 每节课前对科普报道稿的初稿进行评价，分两部分：比较好的和需要修改的。对比较好的文稿提出表扬，评文稿好在哪里，如题目有吸引力、文稿有自己的思路、表达方式独特、科学准确等。鼓励更多的学生开动脑筋创新思维，表达自己的观点。 对需要修改的文稿提出具体修改意见。 同时表扬班内具有以下优点的学生：能灵活运用自己的语言表达自己的观点；版式设计新颖；熟练使用 Word 编辑器；主动请求同学和老师帮忙，有不断学习的精神；乐于帮助同学，有精益求精的态度。	通过教师的指导，学生可再次明确撰写科普报道稿的要求。 继续修改科普报道稿。	在教师和学生反复的制作、修改过程中，实现了教师的言传身教。教师对待科学的严谨态度、一丝不苟的治学精神等都会给学生留下深刻印象。同时，学生也会展现出无穷的创造力。
评价科普报道稿	组织学生以组为单位进行科普报道稿的交流与评价。 总结：怎样才是一篇优秀的科普报道稿？ 我们希望同学们的报道稿以科学性为主，艺术性为辅。 题目：文题相符，新颖别致——吸引力。 内容：层次清晰，简明完整——抓要点。 语言：简洁质朴，深入浅出——讲明白。 版面：整洁清新，设计构思——赏心悦目。	四人一组，共同研读、欣赏每个人的科普报道稿，互相学习优点，同时提出具体的修改建议。 小组汇报：各组报道稿的优点和不足及修改建议。	引导学生在研读、欣赏过程中学习评价，明确怎样的科普报道稿才是一篇优秀的科普报道稿，同时懂得欣赏别人的作品。
修改科普报道稿	组织学生按照修改建议修改自己的科普报道稿。	修改、完善自己的科普报道稿。	提升学生的成就感。

续表

板书设计
欣赏；学习；制作；交流；评价；修改。
教学反思及改进措施
在操作过程中，可能有学生很快就完成了一篇，但未必是在理解的基础上用自己的语言表达的，因此教师一定要引导学生用自己的语言表达，对好的题目、好的想法要及时表扬，激励更多的学生开动脑筋、创新思维、表达自己的见解。
特别关注
对教学条件的要求： 每人一台电脑的机房。 教学组织与实施中的难点： 教师要关注每一个学生，对学生进行及时有效的指导，尽量避免学生不做事、玩游戏等现象；必要的话可以关闭外网。 学习资源： 优秀科普报道稿、PPT 讲稿、每人自己的科普文稿。

课时教学设计 5

教学的基本信息	
课题	科普报道稿展示汇报
单元 （或主题）	第二单元，认识选题，初步呈现
教学内容分析及学习者分析	
1. 教学内容分析 学生经过几周时间了解选题内容、精心制作了科普报道稿。教师给学生搭建一个展示作品的平台。经小组推荐或自愿报名的方式产生展示汇报的人选，汇报人展示报道稿的同时做科普演讲。为实现演讲者和听众的沟通，教师设计了点评和提问答辩环节，使学生明确标准。在提问答辩过程中，学生对某些问题讨论得更加深入了，也就对选题有了更深入的认识和理解。本课题需要 2 课时。 2. 学习者分析 学生愿意将自己的作品展示给大家，但并不一定很清楚怎样展示更好。学生在一开始就能够点评到位，但不知道该怎样提问题、进行交流答辩。经过这样一次展示、点评、提问答辩的过程，学生能进一步了解选题内容，自信地进行交流表达，学会倾听提问，并能快速做出反应，有较强的顿悟能力，乐于接受别人的意见和建议。	

续表

教学目标

1. 通过展示汇报，介绍自己的科普报道稿，初步学会将一件事讲明白。
2. 通过点评和提问环节，明确一篇好的科普报道稿的标准，学会倾听提问。
3. 在展示、点评与提问答辩的过程中增强自信心和传播科学的社会责任感。

教学重点和难点

重点：引导学生学会展示科普报道稿，练习讲清楚选题的一部分内容，学习点评、提问和答辩。

难点：组织学生认真倾听，并进行点评和提问答辩。

教学流程示意

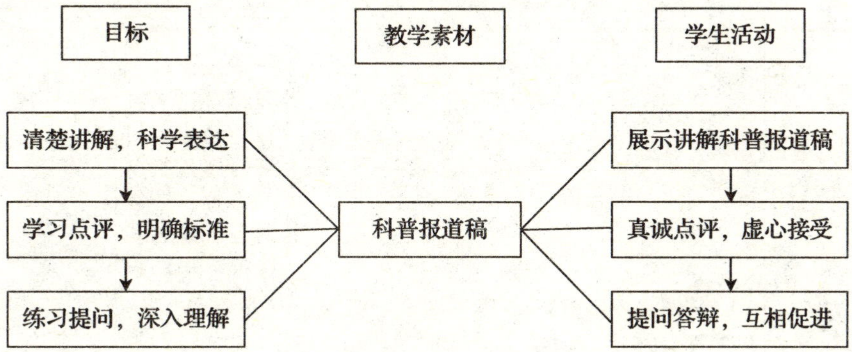

教学过程

教学环节	教师活动	学生活动	设计意图
开场导入	任务与要求： 今天是我们进行了几周科普报道稿制作后的成果展示，我们希望能搭建一个平台，给更多的同学提供展示的机会。 同学们的科普报道稿制作得可能还不是很完美，但我看到了大家的付出和努力。今天从中选取一部分作品，请同学们来讲一讲自己的科普报道稿的内容，讲一讲自己对“中国水资源危机”这一选题某一部分的理解，之后我们还要请下面听的同学进行点评，同学们有什么问题还可以和台上的同学进行提问互动，希望这种方式能帮助我们对选题有更深入的理解。这就是我们这次课的任务。	倾听领悟，做好准备。 向台上汇报的同学提建议。	给学生明确的标准，让学生知道怎样演讲、怎样点评、怎样提问和答辩，只有这样，学生才能参与其中，才能便于活动的开展。

续表

开场导入	假设我是等一会儿到前面进行展示汇报的同学，你对我有什么提醒或建议吗？ 我们希望：展示汇报的同学自信、大方；声音洪亮，语言表达清晰、流畅；对内容比较熟悉，“讲解”而非“念稿”；站位合理、仪态自然；与观众有适当的交流（目光、手势、设问）。 从哪几个方面来评价科普报道稿做得好不好？ 我们希望提问和点评的同学做到以下几点：认真倾听，积极思考；点评到位；提出有针对性的提问；不故意为难演讲者。		
展示汇报	按照事先准备好的PPT顺序，即选题的四部分顺序组织学生进行展示，每人3分钟。 每个学生讲完，下面的学生分小组轮流进行提问、点评，其他学生自由发言（课前制作“点评”和“提问”牌）。 学生评委给展示汇报的同学打分。	16～20名学生依次展示介绍自己的科普报道稿，讲解内容包括两个方面：选题内容讲解和科普报道稿的设计思想与特点。 每一个学生讲完后，其他同学进行点评，根据老师前面的提示，从内容、语言表述、仪态及版面设计等几方面加以点评，给出意见和修改建议。 之后其他学生提出问题，台上学生给予回答。	展示汇报、点评和提问答辩的过程，是学生全面展示对选题的理解程度、科普演讲的素质及反应顿悟、接受他人意见和建议等素养的过程，学生在此过程中能得到较大的锻炼和提高。
板书设计			
自信大方；声音洪亮；表达流畅；认真倾听；积极思考。			

续表

教学反思及改进措施
1. 课前准备 PPT 及展示汇报学生的科普报道稿，挑选评委，印制评比表。 2. 分小组进行点评和提问效果很好，每组都在认真倾听的基础上发言，有准备就会说得比较好。 3. “点评”和“提问”牌使用效果好，轮流派到各小组，各小组都有发言的机会，可以实现“一个都不少”。 4. 学生开始不会点评和提问，或者说点评不到位，提不出具体的问题，教师要适时引导，及时评价，或者演示性地提出一个问题，引导学生学会点评和提问。 5. 展示汇报需要 3 课时的时间，给更多的学生展示的机会，在学生展示汇报时，注重通过提问环节的增加将选题讨论引向深入，为下一阶段做准备。
特别关注
对教学条件的要求：有投影的教室。 教学组织与实施中的难点：更多的人参与才能达到深入讨论的目的，但是在实施过程中可能容易出现只有几个学生反复参与点评和提问、其他学生不参与的情况，教师要注意引导和启发。 学习资源：学生的科普报道稿、科普报道稿评价表、科普报道稿演讲者自我评价表。

课时教学设计 6

教学的基本信息	
课题	颁奖总结与专家报告
单元 （或主题）	第二单元，认识选题，初步呈现
教学内容分析及学习者分析	
1. 教学内容分析 在学生进行了充分的展示汇报和点评答辩后，教师要用一种方式给学生肯定和鼓励，让学生进一步明确怎样才能做好。这部分内容用 1 课时的时间进行总结表彰，肯定学生做得好的方面，再用 2 课时请专家来给学生做科普报告，主题与学生做的选题相关更好，这样可以开阔学生的视野，引导学生向专家学习怎样做科普演讲，为最后的科普演讲做准备，同时通过专家报告的形式，让学生感受科普的魅力，提升传播科学的社会责任感。	

续表

2. 学习者分析

学生在展示汇报和点评提问的过程中，对如何演讲、如何点评和提问有所感悟，同时涌现出一批或科普报道稿制作精美、或演讲清晰流畅、或点评中肯到位的参与者，总结表彰会给学生以更大的信心和动力。在聆听专家报告以后，学生对怎样做科普、为什么要做科普会有更深刻的认识，从而以更大的热情投入后期展板制作和演讲准备的工作中。

教学目标

在总结评价和聆听专家报告的过程中，拓展科普知识，提升传播科学的能力，增强传播科学的社会责任感。

教学重点和难点

提升能力，增强学生传播科学的社会责任感。

教学流程

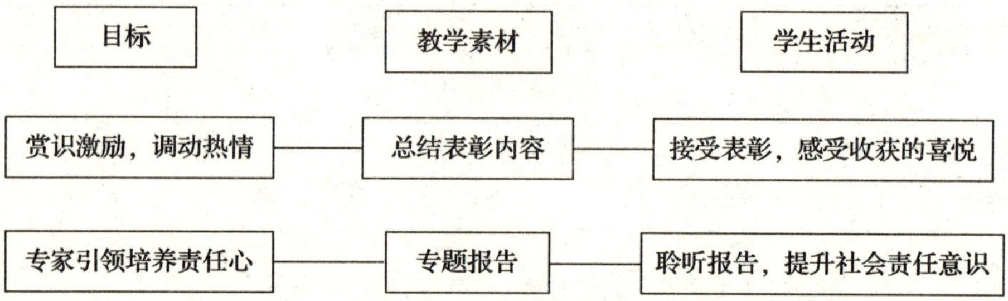

教学过程

教学环节	教师活动	学生活动	设计意图
颁奖表彰	组织评委对展示汇报的学生进行评选，评选优秀科普报道稿若干、优秀讲解员若干，同时评选优秀点评、提问员和优秀答辩手。 推选主持人，举行颁奖仪式。	学生主持人组织颁奖领奖仪式，学生一起感受成功的喜悦。	任务完成，要给学生一定的鼓励，增强学生的认同感和自信心。

续表

总结拓展	点评：从科普报道稿文字内容的科学性、对信息的浓缩和优化以及版面设计等方面举例讲评；从演讲学生的语言表达、与观众的互动等方面进行点评。 表扬：将所有学生的科普报道稿分三个等级（没展示，做得比较好的记一颗星；展示，做得比较好的记两颗星；展示，做得好的记三颗星） 总结：或许我们的演讲还远没有达到精彩的程度，或许我们对选题的理解还不够深入，但是我们经历了。我听，我忘记；我看，我记得；我做，我学到；我教，我掌握。 拓展：根据学生科普报道稿的展示情况，教师发现学生对于水资源危机的影响这一部分还是不够明确，于是选取适当的选题内容，对这部分内容进行拓展，从“需要的水多了”“能用的水少了”等几个角度阐述水危机对我们的生产、生活的影响，同时总结四部分的主要内容，提示后面展示需要明确的内容要点。利用电视系列片《水问》的视频片段，开阔学生的视野，帮助学生深入了解选题。	学生聆听、感悟，通过教师对科普报道稿的完成情况和汇报展示做总结，进一步把握科普报道稿的正确写法和演讲的技巧，认同前期工作的意义和价值。 观看视频片段，拓展选题知识，进一步了解我国水资源短缺的影响。	给更多的学生以肯定，引领学生明确课程的目标是学做科普，使学生在学做科普的过程中提升传播科学的能力和意识。
专家报告	借助一些资源，邀请知名专家为学生做科普报告，如“环境与生态”“新能源”“我们的动物朋友”等。	聆听报告，与专家互动，拓展科普知识，学习如何做科普报告。	提升学生能力，增强学生的科普意识。
教学反思及改进措施			
如果专家的科普报告贴近时事、贴近生活，学生会更喜欢，听的时候会更专注。如果报告远离学生的兴趣点，教师就不好组织，毕竟8个班有三百多名学生，学生注意力不集中，会影响报告专家的情绪，也达不到交流互动的目的。所以邀请专家前一定要关注专家讲的内容，还要了解专家的演讲是否有吸引力。在职、年轻的专家更容易与学生进行交流。要对学生提出听报告的具体要求，包括坐姿、安静、认真倾听等，从各个方面保障报告效果。			

续表

特别关注
对教学条件的要求：报告厅。 教学组织与实施中的难点：最近两次专家报告效果不太好，主要原因是学生听报告的机会太多了，什么样的专家都见过，不足为奇了，所以在听的时候就会不专心。另外，最近我们邀请的专家都是老专家，报告都是现成的报告，有时不太符合学生的年龄特点和认知需求。学生的纪律状况也是很重要的一方面。因此报告会的组织就显得非常重要。 学习资源：电视系列片《水问》视频片段。

课时教学设计 7

教学的基本信息	
课题	小组宣言展示
单元（或主题）	第三单元，精诚合作，打造优秀团队
教学内容分析及学习者分析	
1. 教学内容分析 科普报道稿制作只是一个阶段性任务，而且是学生个人完成的。进入第三单元，学生要以组为单位，完成展板的制作和 PPT 制作，以完成最后的展示汇报。而这两节课是这一阶段的开始，学生明确任务、完成分组将对后面的任务完成起到至关重要的作用。团队形成后的第一次亮相，我们称为“小组宣言”，将充分展示小组实力，形成凝聚力。 2. 学习者分析 学生在科普课之前参加过各种各样的活动小组，比如“卫生小组”“学习小组”等，但这次不一样，这次的分组可以采取自由组合的方式，为了完成一个共同的任务，学生自愿在一起组成一个小组。小组产生后，准备小组宣言的过程是小组的第一次活动，组长是否有领导力，组员是否有创意，都将在这一环节有所体现。通过有创意的宣言展示，小组的凝聚力得以形成。	
教学目标	
在自由结合形成小组的过程中，提升与人交流合作的意识；在解决小组问题时，认识了小团队与大团队（即班集体）之间的利益权重；在小组宣言过程中，展示集体的智慧和创意，形成凝聚力。	

续表

教学重点和难点

重点：分组成队，确定小组宣言。
难点：分组过程中的协调。

教学流程示意

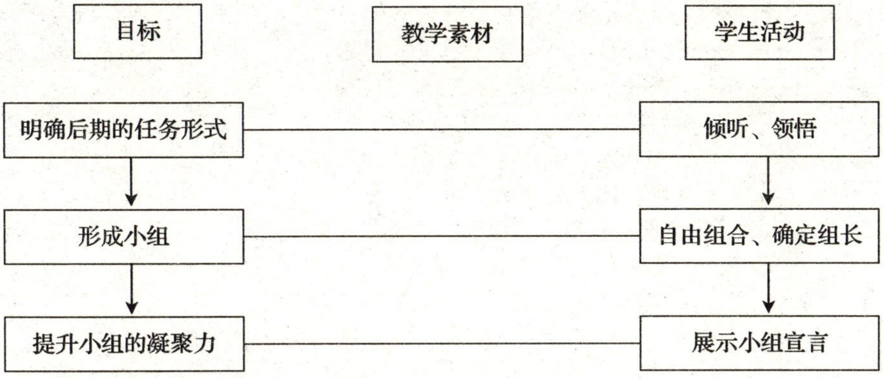

教学过程

教学环节	教师活动	学生活动	设计意图
明确后期的任务	经过前面科普报道稿的制作和汇报，同学们应该对我们的课题内容有了更全面、深入的了解，从本周开始，我们就要进入PPT和展板制作的阶段，全班一起努力为期末“校园科普日”的展示做准备。 1. 分组情况介绍。 (1) 演讲组（4个小组）。最好由本班PPT制作水平较高、演讲和表达能力较强的学生来组成。每组负责一个子课题的PPT制作，各组选一位演讲人代表班级进行科普演讲。每组确定一名组长，进行组内分工——演讲、资料查询、PPT制作。演讲的同学必须参与PPT的制作，书写演讲稿。	倾听、领悟。 推荐和自荐，选出代表。	变换形式，形成小组，引导学生继续完成任务，这是对学生参与热情的调动。明确任务，学生才能对号入座，发挥特长。

续表

明确后期的任务	(2) 展板组（4 个小组）。最好由本班美工设计、画画较好的学生来组成。每组负责一个子课题的展板制作，选出组长，进行组内分工——美工设计、文稿编辑、文字书写等。 (3) 自由组。其余的学生自由组合，选择“中国的水资源危机”选题下的自己感兴趣的一个小课题合作完成，并自主决定展现成果的方式，如展板制作、宣传画、漫画、动画片、演讲、小制作等均可。 2. 分组方式。推荐或自荐，先确定演讲组和展板组的核心人物（名字写在黑板上），再由核心人物任意选择 2～3 名学生组成一个小组。其余学生自由组合。		
分组成队	组织学生自由分组，协调中间发生的问题，如人数的多少、两个组都想要一个人、还有人没人要等。引导学生多看别人的优点和长处，以集体利益为重，最终完成分组活动。教师手里得到分组名单。	自由分组。学生通常会找与自己志同道合的同学组成小组，而且在组成小组的过程中他们会考虑谁有什么特长、这样组成的小组适合做展板还是适合演讲等。也可某几个人有独特的想法，组成自由创意组。	组队的过程是学生相互认识和自我认识的一个过程。
准备小组宣言	提出准备要求： 选组长——热爱工作，有责任心，具备相关能力。 小组宣言——给自己的小组起一个响亮的名字（小组的名字最好与科普有关，与科普活动课程有关）；展现小组成员的优势和特点以及信心和决心，或提出一个口号作为本组的座右铭。	按照教师提出的标准和要求推选组长并准备小组宣言。	这是形成团队后的第一次活动，体现团队的精诚合作，也体现组长与组员的创新意识和能力。

续表

小组宣言展示	组织学生展示小组宣言，适当进行点评。	以组为单位进行小组宣言展示，可以有多种形式，但必须人人都参与。	展现学生的能力与创意，增强学生的自豪感和凝聚力。
讨论分工	小组确定后，讨论分工和后续计划，写在彩纸上，贴到黑板上。 后续计划包括：演讲组准备演讲思路、需要的图片、视频等资源。 展板组准备整体设计、所需材料（图片、图表等）。 自由组选择内容、确定呈现方式，制定阶段进展计划。	根据各自的特长分配任务，实现人人有事做、人人都参与。	提升学生与他人合作的意识。
板书设计			
明确任务；自由分组；展示宣言；讨论分工。			
教学反思及改进措施			
善于演讲的学生和制作 PPT、展板的学生应平均分配，实现四个组力量的均衡，最终才会体现全班的优势和特点。也可以推荐和自荐的形式选出 4 位最后汇报的演讲人，然后以“招兵买马”的方式组成小组。			
特别关注			
对教学条件的要求：普通教室。 教学组织与实施中的难点：分组过程中可能出现各种各样的问题，如能力强的学生大家抢着要，能力弱的同学大家不愿意要。怎么办？不能放弃一个人，必须人人都有组，人人都参与。教师在此过程中要晓之以理，动之以情，引导学生圆满完成分组工作。 学习资源：自制 PPT。			

课时教学设计 8

教学的基本信息	
课题	展板制作、PPT 制作
单元（或主题）	第三单元，精诚合作，打造优秀团队

教学内容分析及学习者分析

1. 教学内容分析

团队合作是校园科普课的一个特色。第三单元以展板制作和科普演讲为任务驱动，全班学生至少分成 8 个小组，包括 4 个展板组和 4 个演讲组。展板组每组制作一块展板，4 个组合起来组成一个选题；演讲组每组负责一部分选题内容，共同完成一个科普报告的 PPT。这就需要学生在小组内学会相互沟通、共同承担。另外，组与组之间也要相互协调统一。在这一阶段的活动中，学生学会了听取、吸纳别人的意见，学会了与他人沟通与合作。这一阶段需要 12 课时。

2. 学习者分析

学生在形成团队之后，很愿意展示自己小组的能力，教师要积极挖掘学生的潜能，调动他们的积极性，给学生更大的发挥空间。当然，也会有少数学生不愿意参与，或者是因为缺乏兴趣，或者是因为缺少能力，但教师始终要多鼓励，让每一个学生都能找到自己的位置。

教学目标

学习利用展板和 PPT 呈现选题内容；在制作展板过程中，提升提取重要信息、版面设计、书写绘画等能力；在 PPT 制作过程中锻炼电脑制作技能和演讲稿撰写能力；在小组合作完成任务过程中学会交流与沟通，提升团队合作的意识。

教学重点和难点

重点：展板制作和演讲稿撰写、PPT 制作。

难点：在小组活动过程中如何调动每一位学生的参与积极性。

教学流程

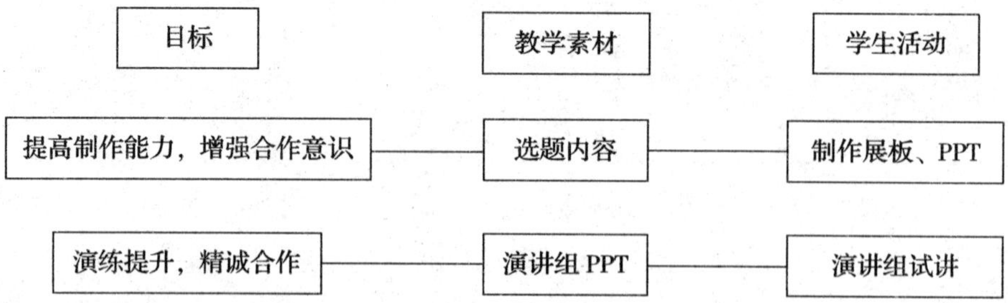

续表

教学过程			
教学环节	教师活动	学生活动	设计意图
展板设计与文稿撰写	提出展板设计要求：120厘米×90厘米展板，1000字左右，字的大小约1.5厘米×1.5厘米，占整个版面的3/8，图表占3/8～4/8，其余部分为装饰。 组织学生对四块展板进行统一设计，从版面设计到色彩都要体现四块板是一个整体，讲述的是“中国的水资源危机”这一个选题的不同部分。展板组的学生在最初设计展板样式时耗时最多，要鼓励他们群策群力，在他们意见不统一时要让组长发挥协调作用。这一时段是学生充分酝酿、展现创意和才华的时刻，要给他们足够的时间和空间。 展板总体设计完成后，指导每组学生写出各自的选题内容文稿，要求语言科学准确、精练，表达清晰。整个版面要标题醒目，图文并茂，文字大小适中，书写漂亮。	设计展板小样，互相讨论、协商，确定版式、色彩。学生的创意很多，有的用一片荒漠将4块展板连起来，有的用一个“水”字将展板分成几部分，有的用彩纸剪出一个个小水滴等。这些创意都来源于不断的商讨、碰撞和琢磨。 文稿撰写可以以“中国的水资源危机”讲演文和条目为依据，参考制作的优秀科普报道稿。写在展板上面的文字内容必须保证科学性。 展板是纯手工作品，学生需要按照设计自己准备纸张、彩笔和图片。每一个小装饰可能都是学生的一个创意。	展板是科普选题呈现的一种方式。在展板制作的过程中，纯手工制作的方式可以给学生带来更广阔的创意空间，长时间的磨合商讨给学生带来互相学习、沟通磋商的机会。

续表

演讲组撰写演讲稿，制作 PPT	指导学生写出各自的演讲稿，鼓励学生用新颖的方式表达清楚选题的一部分，并使 4 部分都有联系，成为一个统一的整体，4 个组共同讲清楚“中国的水资源危机”这一选题的科普报告。 教师在每次课上都要参与各组的讨论和制作，还可以传授 PPT 制作和使用技巧，如找与水资源话题接近的背板，将数据转化成饼状图、柱状图等。 要求学生在每节课结束后都上交本次课的制作成果，以便监督进度和适当修改。	演讲组的学生在机房完成制作 PPT 和演讲稿的任务。在之前分工的基础上，有的学生查找资料和图片，有的学生写演讲稿，有的同学制作 PPT。	最后的科普报告会是演讲组展示成果的机会。这样一个平台对学生来说是一种动力。学生会挖空心思，努力把任务完成好，做漂亮。
演讲组在班内试讲	教师要帮助学生把好几关： 1. 演讲的内容要讲求科学性。2. 科普报告的形式不能太过花哨。3. 演讲的语言要简练、朴实。4. 站姿和神态要对演讲有帮助，能引起观众的共鸣。	完成初稿后，演讲组要在班里进行试讲，全班学生在内容和形式以及站姿、语言方面给出建议。 展板答辩学生也要练习讲解和答辩。	通过班内的试讲，使演讲的学生和展板组答辩的学生得到相应的训练。 在此过程中，全体学生也可对选题有更深入的探讨。
修改完善	指导学生按照大家提出的修改意见和建议进行修改，督促展板组尽快完成整个版面。	演讲组根据同学提出的意见和建议进行修改和最后的演练；展板组抓紧时间完成展板制作。	引导学生精益求精，实现最后的完美展现。
板书设计			
设计展板；演练提升；精诚合作；试讲。			

续表

教学反思及改进措施
围绕主题选择内容：准确、简洁且图文并茂的内容适合放在展板上。而演讲组需要深入、透彻地理解选题内容，并能给别人讲清楚。到后期，演讲组负责查找资料的学生可能就没事可做了，可以适当安排他们做些别的，如设计宣传画等。
特别关注
对教学条件的要求：全班学生分成两大组——展板组和演讲组。展板组在教室制作展板，演讲组到机房制作 PPT 完成演讲稿的撰写。 教学组织与实施中的难点：一个班分成两部分，教师难以顾及。我们采取的办法是两个班同时上课，两个班演讲组的学生合用一个机房，一个教师在机房，另一个教师在两个班的教室巡视，提醒学生注意剪刀等物品的使用安全。 学习资源：讲演文和条目、网络资源。

课时教学设计 9

教学的基本信息	
课题	展板组换班展示
单元（或主题）	第四单元，精彩呈现科普的丰硕成果
教学内容分析及学习者分析	
1. 教学内容分析 经过第三单元紧张、忙碌的制作和演练，精彩呈现的时刻到了。展板组先展示汇报，同时上课的两个班互换展板、互换解说员，分别到另一个班介绍本班的选题内容和展板设计。这一环节给了学生更多传播科普的锻炼机会。而且面对展板进行讲解和用 PPT 做科普报告有所不同，学生用不同的方式呈现了自己的所得，同时也锻炼了不同方面的能力。而对于另一个班的学生来说，他们了解了另一个选题，增加了科普知识，也看到了其他班级的成果，更能激发集体荣誉感。本课题需要 1 课时。 2. 学习者分析 学生可能有这样的经历，就是通过观看一些科普展板，了解了相关的科普知识，但没有过面对自己参与制作的展板给别人讲科普知识的经历。这一讲解过程锻炼了学生宣传科普的能力，增强了集体荣誉感，提升了学生传播科学的社会责任感。	
教学目标	
培养学生面对展板讲清楚“中国的水资源危机”这一选题的能力，让学生感受科普传播的意义，增强集体创作的荣誉感，提升传播科学的社会责任感。	

续表

<table>
<tr><th colspan="4">教学重点和难点</th></tr>
<tr><td colspan="4">重点：展板组学生面对展板讲解选题内容。
难点：实现不同班级的学生在互动切磋过程中共同提高。</td></tr>
<tr><th colspan="4">教学流程</th></tr>
<tr><td colspan="4">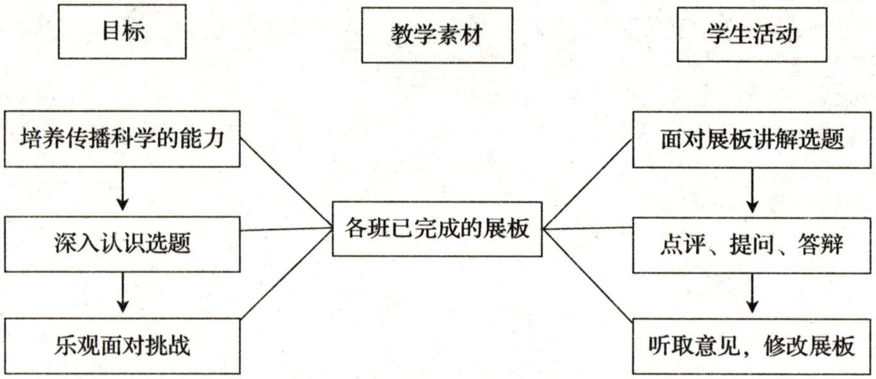
</td></tr>
<tr><th colspan="4">教学过程</th></tr>
<tr><th>教学环节</th><th>教师活动</th><th>学生活动</th><th>设计意图</th></tr>
<tr><td>换班讲解</td><td>留在自己任课的班级，组织学生认真听另一个班的同学介绍。</td><td>本班展板组讲解员带着本班的展板到另一个班去讲解选题内容，介绍展板设计思路和理念。每块展板即每组讲解 3～4 分钟，共计讲解 15 分钟左右。之后与另一个班的同学互动，接受提问并回答，深入讨论选题内容。
本班其他学生认真听取另一个班的学生的讲解，扩展科普知识，学习好的经验。</td><td>在课程设置时，安排两个班同时上课，在条件允许的情况下，两个班的学生可以互相切磋，共同进步。在第四阶段给展板组学生一个讲解选题、传播科学的机会。毕竟讲清楚一个选题是学做科普的一个重要环节。</td></tr>
</table>

续表

交流互动	组织提问答辩环节，给予鼓励性评价。	本班对另一个班的同学的展板和讲解进行点评，多给予鼓励性评价，如展板设计的巧妙之处，文字书写及图画的优点，讲解员是否讲得清楚，有没有照本宣科，有没有演讲的风范等。 针对选题内容进行提问，另一个班的同学回答，经过这种讨论、切磋，更多地了解选题内容。如果学生有回答不了的问题，教师要提示学生进一步查阅资料把问题搞清楚，以便后期面向更多的同学讲解时能游刃有余。	让两个班的学生互相学习，互相切磋，看到别人的优点和长处，共同提高和进步。
接受建议，修改展板	组织本班学生对照另一个班的展板评价本班展板，提出修改建议。	评一评本班展板的优缺点，有哪些地方还可能改进，哪些地方还能做得更好。展板组成员根据同学提出的具体意见和建议对展板进行适当修改。	学生在比较之后更能看到自己的优点和不足，便于进一步修改和完善。
板书设计			
听取意见；交流互动；修改展板。			
教学反思及改进措施			
展板组的讲解员在事先要做好准备，教师要帮助他们准备讲解的内容，如先讲全班四块展板的整体设计，对别人不容易看到和理解的一些地方要讲清楚自己的设计理念和意图，这样可以帮助别人更好地欣赏本班的展板设计。之后每组一名讲解员负责讲清楚“中国的水资源危机”这一选题的一个部分，每人讲解3分钟左右，四部分之间要有衔接，这样，展板设计介绍和四个小组讲解共用20分钟左右的时间。如果不加限制，有的学生可能会讲一节课的时间，重点不突出，也没有时间提问答辩了。还有一种情况是讲解员没有准备好，只对着展板上的内容念，其中很多内容自己也搞不清楚，这样别的学生不愿意听，也就失去了传播科学的意义了。			

续表

特别关注
对教学条件的要求：教室。 教学组织与实施中的难点：不同班级的学生在一起上课，教师的组织协调存在困难。这就要求教师要充分尊重另一个班的学生，把这样的信息传递给本班的学生，请他们认真倾听，诚心诚意地交流提问，这样就是对讲解学生的尊重。如果能做到这样，就能组织好交流活动了。 学习资源：另一个班的展板。

课时教学设计 10

教学的基本信息	
课题	自由组展示与评奖
单元（或主题）	第四单元，精彩呈现科普的丰硕成果
教学内容分析及学习者分析	
1. 教学内容分析 在第三单元精诚合作打造优秀团队的过程中，有 8 个小组分别进行展板制作和准备科普演讲，同时还有一些学生组合成“自由创意组”，他们或进行展板制作，或进行 PPT 制作，或制作宣传画，或进行手工制作，因为科普有多种呈现方式。经过几周的工作，有了成果，自然要有一个展示的平台。这节课就是请自由创意组展示自己的作品，同时进行评奖。本课题需要 1 课时。 2. 学习者分析 自由创意组往往多是当初分组时剩下的学生，一般都没有什么展板制作或演讲的优势，甚至也缺乏参与的热情。通过形成自由创意组，这些学生有了共同的目标，一起完成一个创意，产生了参与的积极性。当然，自由创意组也有这样的学生：他们早有创意，想一起实现创意，所以就没有加入展板组或演讲组，而这些学生是很有能力的，给他们空间和平台，他们就能给我们惊喜。 评奖活动是对这一学期的总结，每一个学生都期待自己的工作能得到肯定，这样一个环节也是对学生的鼓励。	
教学目标	
给学生搭设多种呈现平台，让学生发挥多方面的创造力。 给学生工作成果一个肯定，让学生积极地投入各项工作中。	
教学重点和难点	
重点：组织自由创意组学生进行展示。 难点：确保评奖过程的公正、合理。	

续表

教学流程

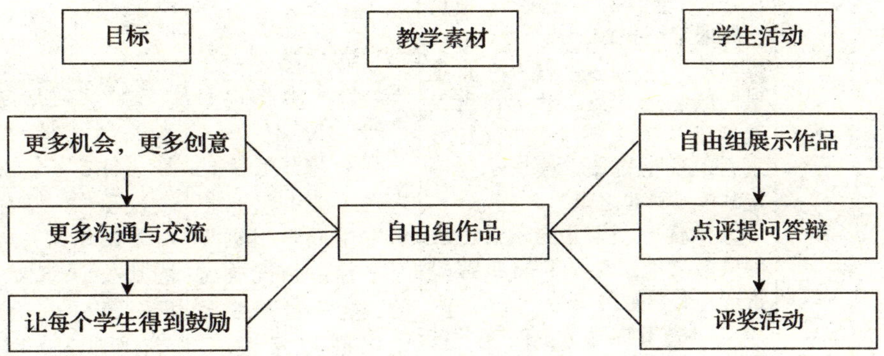

教学过程

教学环节	教师活动	学生活动	设计意图
展示创意	组织自由创意组的学生展示自己的作品。	自由创意组的学生集体展示小组的作品，如“中国的水资源危机”宣传画为大家呈现了干旱带来的巨大影响；自制节水装置演示显示了学生出色的创造力、想象力和超一流的制作能力等。	给更多的学生以更多的机会，他们会带给我们更多的惊喜。
评价建议	组织学生对自由创意组的作品进行评价。 点评作品，给予更多支持和鼓励。	其他学生对自由创意组的作品进行点评，包括想法、材料及最后的作品效果等，都可以和自由创意组的学生进行交流。大家对节水装置更加感兴趣。	让学生明白：每一个人都有闪光点，学会欣赏也是我们该具备的良好品质。

续表

评奖	总结一个学期以来学生付出的努力，说明所评选的奖项。 1.“校园科普之星”。根据平时课堂记录的“☆”的多少，提出候选人5名，每人一张选票，最多选2人，学生也可以选自己认为表现突出的同学。之后由学生唱票，根据结果确定“校园科普之星”人选。 2.优秀科普报道稿。由教师根据之前学生的科普报道稿推选4名学生的作品。 3.突出贡献奖。由各组讨论推出，展板组两名，演讲组除了演讲的学生外再选一名。这个奖项是奖励那些没有机会站上舞台但却付出了很多努力、做出很大贡献的学生。	填写选票，公平、公正地投出自己的一票。 突出贡献奖的人选，是由组长组织本组同学根据平时工作的情况确定的。这一过程是学生之间相互认同、相互肯定的环节。	评奖对于学生来说是一种肯定，是一种赏识，在这一过程中，学生明白了做任何一件事情都要认真对待，积极参与，这样才会有收获。
总结	校园科普课不同于一般的课程，没有考试，没有评分，有的只是过程的体验。在体验的过程中，谁付出的越多，体验的就越多，收获也会越多。	倾听、感悟。	
板书设计			
展示作品；点评作品；倾听感悟。			
教学反思及改进措施			
自由创意组的学生多是不太积极参与的学生，因此教师要给予这些学生更多的关注和具体指导与帮助，为他们提供一些思路，引导他们发挥自己的优势，鼓励他们敢于尝试，给自己机会，最终这些学生也会有精彩的表现。			
特别关注			
对教学条件的要求：教室。 教学组织与实施中的难点：评奖范围要尽量宽一些，各种奖项尽量分开，不要集中在几个人身上，毕竟这是一项集体创作的活动，学生无论能力高低，都有付出和努力，最后全班约有一半以上的学生获奖。 学习资源：自由创意组的作品。			

课时教学设计 11

<table>
<tr><td colspan="2">教学的基本信息</td></tr>
<tr><td>课题</td><td>校园科普日——科普报告会</td></tr>
<tr><td>单元
（或主题）</td><td>第四单元，精彩呈现科普的丰硕成果</td></tr>
<tr><td colspan="2">教学内容分析及学习者分析</td></tr>
<tr><td colspan="2">1. 教学内容分析
“校园科普”已经在初二年级开设了一个学年，为了在全年级甚至全校营造“学科学、爱科学”的气氛，锻炼学生“做科普”的能力，教师策划了“校园科普日”主题系列活动，计划在一天的时间内开展两项活动，即科普报告会和展板展示互动，通过学生与学生、学生与专家之间的互动检验学生“做科普”的成果，提升课程的品质和内涵。
科普报告会是校园科普课程的一部分，需用 2 课时。尽管在报告会之前教师和学生会进行充分准备，包括 PPT 的修改、演讲稿的精简以及对时间的把握、语调的调整等，但这始终是课程的一部分，而不是演示。因此不管最后准备得怎样，都要面向全年级同学进行科普演讲，实践学做科普的最后一个环节——科普报告。
另外，我们还邀请一些专家当评委，与学生交流互动，给学生一个与专家近距离接触的机会，将学生的科普报告引向更高层次。这样将更加有利于引导学生“关注科学、热爱科学、传播科学”。
本学期开课的 8 个班级对全年级学生做科普交流汇报，在综合楼四层以及图书馆二层两个会场同时举行。图书馆二层的 4 个选题分别是：SARS 与禽流感、该给地球退烧了、濒危动物保护及我们的草原怎么了。综合楼四层的选题分别是：该给地球退烧了、濒危动物保护、克隆及中国的水资源危机。每个班有 4～8 名学生，分四个部分，配合 PPT 对本班选题进行汇报，每班汇报时间为 16 分钟，同时请学生评委进行打分，之后专家点评、提问 4 分钟。全部 4 个选题汇报结束后，现场学生进行提问，进行现场互动。最后进行评奖以及颁奖仪式，对在“学做科普”过程中表现突出的学生予以表彰。
2. 学习者分析
学生做了很长时间的准备，之前的查找资料、制作 PPT、写演讲稿，甚至多次演练，都是为了能更好地将选题内容呈现给大家，因此他们盼望着有这样一个展示自我的机会。通过交流，学生能够站在更高的平台上看待科普、亲近科普，关注科学、传播科学的意识和社会责任感便油然而生了。</td></tr>
<tr><td colspan="2">教学目标</td></tr>
<tr><td colspan="2">学生完成科普演讲，向全年级同学宣讲科普知识，体验如何做科普报告、如何倾听别人的意见和建议及如何与他人沟通交流，进一步增强传播科学的责任和意识。</td></tr>
</table>

续表

教学重点和难点

重点：组织好每个班的演讲和互动环节。
难点：维护会场纪律。

教学流程

目标	教学素材	学生活动
提升学生传播科普的能力和社会责任感	学生制作的科普演讲 PPT	进行科普演讲
提升学生对选题的认识和“做科普”的责任感	学生报告	与专家沟通交流
使学生学会灵活应变、增强自信	学生报告	与同学交流互动

教学过程

教学环节	教师活动	学生活动	设计意图
组织入场	请年级学生会协助组织学生入场。进行演讲的四个班坐在前面，其他班级坐在后面。第一排留给专家和评委。	有序入场，保持安静。	学生活动必须要有组织，有秩序。这是活动顺利进行的保证。
会场预热	播放视频《人大附中校园科普掠影》。	观看视频，回顾一个学期的校园科普课程，期待即将展开的科普报告会。	引导学生回顾与期待。
科普报告	四个班的科普教师分工合作，组织做科普报告的四个班依次进行科普演讲，维持会场秩序，组织评委对现场演讲的学生评奖。评分标准见附件。	学生主持人主持科普报告大会。每个班在进行选题演讲之前简单介绍选题，每个班连续进行四部分的演讲，时间不超过16分钟，要讲清楚一个完整的选题。	锻炼学生的科普演讲能力，提升学生传播科学的能力和素养。

续表

专家点评	请专家分成两组到两个会场，每个选题汇报结束后请专家简单点评和提问，时间3～4分钟。点评以鼓励学生为主，提的问题要围绕学生研究的内容和范围。	倾听专家点评，完善对活动的认识。	专家的参与和点评进一步激发学生的参与热情，增强传播科学的社会责任感。
学生互动	帮主持人传递话筒。	主持人组织下面的学生提问、台上学生答辩的环节。	这是听报告的学生最感兴趣的环节，也是最能活跃气氛、调动参与热情的环节。
颁奖仪式	组织获奖学生上台领奖。	主持人宣布获奖名单，获奖学生分批次上台领奖。依次是“校园科普展板评比”团队奖，“校园科普之星”每班2人，“优秀科普报道稿”每班4人，“突出贡献奖”每班12人，传播科学奖分为一、二、三等奖。	现场颁奖，气氛热烈。让每一个参与的学生都有成就感、荣誉感。
现场总结	邀请参加科普报告会的领导或嘉宾进行总结发言。	主持人总结并宣布科普报告会结束。	鼓励性总结，意味着一个学期的圆满结束。
教学反思及改进措施			
此环节是校园科普课程的最后一个阶段，这既是本学期科普活动成果的展示，同时又通过交流汇报达到传播科学、营造科普氛围的目的，实现多班互动。颁奖环节是对学生的鼓励性评价，效果不错。			

续表

特别关注
对教学条件的要求：两个大会场，备有投影、电脑、无线话筒、音响等设备。 教学组织与实施中的难点：由于 4 个班一起讲，时间比较长，到后期学生容易坐不住，需要引导学生注意会场秩序。 学习资源：学生制作 PPT；视频《人大附中校园科普掠影》。

课时教学设计 12

教学的基本信息	
课题	校园科普日——展板展示互动
单元（或主题）	第四单元，精彩呈现科普的丰硕成果
教学内容分析及学习者分析	
1. 教学内容分析 展板展示互动是将一学年以来 16 个班的展板全部摆放在中心花园，请全校学生观摩，同时给学生发放邀请卡，鼓励学生参加互动交流。学生通过阅读展板内容、与展板制作同学交流了解选题内容。为了提高学生参与的兴趣，活动设置“有奖问答”环节。展板展示互动旨在调动学生参与的积极性，营造校园科普氛围，实现多班互动。本课题需要 2 课时。 2. 学习者分析 学生在之前用几周的时间了解选题内容、制作展板，尽管同时上课的两个班已经交换讲解过，但不足以在校园内营造科普氛围。开展这样一个活动可以让学生了解更多的选题内容，看到各个班的设计与展示，在校园里形成关注科学、传播科学的氛围，学生多了一个科学的节日。	
教学目标	
搭建一个更大的平台，让学生尽情展示一个学期“学做科普”的成果，进一步提升科普演讲的能力，锻炼互动交流的能力，进而营造“学科学、爱科学”的校园科普氛围。	
教学重点和难点	
重点：展板展示互动，营造校园科普氛围。 难点：展板展示互动的组织。	

续表

教学流程示意

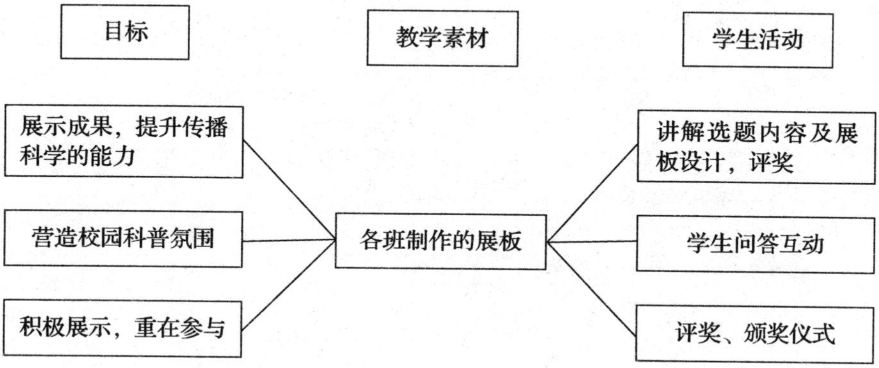

教学过程

教学环节	教师活动	学生活动	设计意图
展板展示评比	组织各班宣传委员进行展板评比培训；组织下学期开设“校园科普”课程的8个班依次讲解本班的展板内容和设计理念；组织16个班的评委打分评奖。	下学期开设“校园科普”课程的8个班，每班4个小组各出一位讲解员在4分钟内介绍选题内容及展板设计，评委提问1分钟，16位评委给各班展板打分，评出一、二、三等奖。	评比只是一种调动积极性的手段，学生在这种情境下更能出色发挥。
单项奖评选	制订单项奖内容和评比标准。 “最佳科学表达”：展板内容科学准确、条理清楚，能说明主题。 “最佳版面设计”：4块展板风格接近，版面设计新颖，色彩搭配合适，字体美观适中。 “最佳讲解团队”：语言科学准确，表达清楚，声音洪亮，仪态大方。 教师事先准备好三种单项奖的选票，用三种不同颜色的彩纸打印并剪成不同的形状；准备好大头钉；组织每班2人共32人组成大众评委，先进行培训，再进行投票，评选出优胜团队。	大众评委32人，每人有3朵花，分别对应“最佳科学表达”“最佳版面设计”“最佳讲解团队”三个奖项，将手中的花贴在选中的展板上。 学生负责人统计各班展板上得到的小花数目，最终评出三个奖项。	更多形式、更多参与、更多趣味。

续表

问答互动	之前设计并印制邀请卡，发给本年级的学生和前来参观的其他年级的学生；组织各班展板组根据本班选题内容提出若干问题，供学生选择回答；组织兑奖发奖活动。事先准备好铅笔、橡皮等小奖品和《科学世界》杂志作为奖品。	每班有至少4～6名学生看管本班展板，负责讲解、回答参观者提出的问题，并组织愿意参加“有奖问答”的同学回答问题并盖章。 其他各班学生拿着邀请卡，在指定时间内通过阅读展板内容了解选题内容，并回答问题。学生答对一题得一枚印章印在邀请卡上，集齐三枚印章可以换取一份小奖品，集齐五枚印章即可换取大奖一份。	调动学生参与的积极性，让更多的学生加入关注科学、传播科学的行列中，营造“学科学、爱科学”的校园科普氛围。
颁奖仪式	制作、打印奖状；组织颁奖仪式；邀请颁奖嘉宾。	学生主持人主持颁奖仪式，首先颁发展板评比一、二、三等奖，再颁发三个单项奖。各获奖班级派学生代表领奖。	提升学生参与科普活动的兴趣。
教学反思及改进措施			
整个活动过程由学生主持人主持，教师负责协助各班展示和评委的评奖。因此，在活动开始之前，教师需要帮助学生准备好主持词，以便活动能顺利进行。另外，活动的顺利进行需要班主任的配合、学生会学生的组织配合，这些工作都需要科普教师事先与相关科普教师和学生进行沟通、协商。科代表在此次活动中发挥着非常重要的作用，如本班展板题目的命题，负责组织问答活动等，真正成为老师的助手，工作能力得到了锻炼。此项活动中，所有科普教师都要积极参与活动的策划、筹备和组织工作，以确保活动的顺利进行。			

续表

特别关注
对教学条件的要求：有一个相对较大的活动区域摆放展板，便于学生观看。 教学组织与实施中的难点：大型室外活动需要周密策划与安排，需要教师和学生的协调、配合。 学习资源：学生制作的展板。

课时教学设计 13

教学的基本信息	
课题	“校园科普”课程总结
单元（或主题）	第四单元，精彩呈现科普的丰硕成果
教学内容分析及学习者分析	
1. 教学内容分析 用1课时总结一学期的收获，请学生说出自己的感受、意见和建议，因为“校园科普”是一门新课，需要学生的评价参与，只有这样，教师才能不断改进，使“校园科普”这门课程成为学生喜爱的课程。 2. 学习者分析 学生经过一个学期的“校园科普”课程，体验了学做科普的过程，他们经历了、体验了，在经历体验的过程中成长了，对科学开始关注了，知道怎样表达了。这就是这门课的意义所在。课程结束了，但我们还要鼓励学生继续关注科学，做热爱科学的学生。	
教学目标	
学生能真实地表达自己对“校园科普”课程的意见和建议。	
教学重点和难点	
重点：启发学生真诚表达，通过问卷了解学生的意见。 难点：收集到真诚、中肯的意见和建议。	

续表

教学流程

目标	教学素材	学生活动
关注课程，关注科学	调查问卷	做调查问卷
反馈意见，促进发展	访谈提纲	少数学生访谈

教学过程

教学环节	教师活动	学生活动	设计意图
问卷调查	设计调查问卷，从以下几个维度进行设计： 1. 对校园科普这门课的认识。 2. 对校园科普的参与情况。 3. 科普知识的获得情况。 4. 获得信息的能力的发展情况。 5. 科学表达的能力情况。 6. 科学严谨的态度的培养情况。 7. 团队合作的精神的培养情况。 8. 情绪变化。 开放问题可以这样设问：在“校园科普”课上： 1. 你最高兴的事是什么？ 2. 你最懊恼的事是什么？ 3. 你最大的收获是什么？	做调查问卷，表达真实情感。	了解学生的想法，有利于课程的改进。
学生访谈	邀请几名学生进行访谈、录音，以备后期所用。	少数学生参与访谈，真诚表达对“校园科普”课程的意见和建议。	收集反馈意见，促进课程发展。

续表

教学反思及改进措施
后测问卷的制订始终是一个难点，为了对课程有一个评价，教师制作了调查问卷，一份问卷应进行前测和后测对比，以更有说服力。
特别关注
对教学条件的要求：教室。 教学组织与实施中的难点：问卷的制作。 学习资源：调查问卷。

附：主题教学资源

中国的水资源危机（讲演文）

（引入：纪录片《水问》片段）

人类有史以来，就是逐水而居。水维系着生命的存在，孕育了人类社会的文明。然而随着人口的增加、经济的发展，特别是工业化、城市化进程的加快，人类对水的需求越来越多，再加上人类活动对水环境的影响，使得水资源危机日益凸显，成为当代人类最关注的焦点问题之一。

南方洪涝，北方大旱；河流干枯，湖泊污染。每年，不同地方的中国人都会以各种方式经历已经到来的水危机。

或许你会说，每天拧开水龙头，自来水就“哗哗”地流出来了，真的会有水资源危机吗？我们的水资源危机到了什么程度？水资源危机会影响我们的生活吗？在看到那些让人震惊的现实之后，我们也试图去寻找这些问题的答案……

一、中国的水资源概况

从太空看地球，那是一颗蓝色的、几乎全部被水覆盖的星球，被称为“水的星球”。我们不禁要问：生活在这样一颗星球上，又怎么会面临缺水的困境呢？

1. 消除对水资源的误解

世界上水的总储量约有 14 亿立方公里，平铺在地球表面上约有 3000 米高。水真的很多啊！但是地球上97.47%的水都分布在大洋和浅海中，这些咸水是人类无法直接利用的。陆地上两极冰盖和高山冰川以及地下的储水占总水量的2.52%，目前也无法直接利用。余下的0.01%才是人类可直接利用的，这就是江河、湖泊以及可以开采取用的地下水。从数字上可以看出，水是丰富的，但可利用的淡水资源是极其有限的。

2. 我国的水资源概况

(1) 人多水少，水资源严重短缺

我国水资源总储量约2.81万亿立方米，居世界第六位，从总量来说也不少，但人均水资源量不足2200立方米，仅为世界人均占水量的1/4，世界排名110位，被列为全球13个人均水资源贫乏国家之一。按照国际公认的标准，中国目前有16个省（区、市）人均水资源量低于重度缺水线，全国总人口的60%处于缺水状态。其中有6个省区人均水资源量低于500立方米，属极度缺水。

就全国而言，我们要用占世界6%的淡水资源去养活占世界22%的人口。

(2) 地区分布不均，水土资源不相匹配

从地区来看，我国水资源地区分布很不平衡，长江流域及其以南地区，国土面积只占全国的36.5%，其水资源量占全国的81%；长江流域以北的地区，国土面积占全国的63.5%，其水资源量仅占全国的19%。南方水多，北方水少。黄河断流是北方地区水资源短缺的集中表现。首都北京也面临着缺水的尴尬。

(3) 年内年际分配不匀，旱涝灾害频繁

从降水的年内分布来看，全国各地的年降水量几乎有1/2～2/3集中在夏季；从降水的年际变化来看，连续多雨年和连续干旱年相互交替的规律比较明显。因此降水高度集中，年际变化也大，致使我国水旱灾害频繁。

地大物博除以人口众多等于什么？2009年2月14日召开的全国水资源工作会议公布的资料表明，目前全国年缺水量达400亿立方米，近2/3的城市存在不同程度的缺水，农村饮水不安全人口仍有2亿多。这就是中国水资源的现状。我国的水资源存在严重的危机。

二、中国水资源危机的原因

是什么造成水资源危机？从总的水储量和循环量来看，地球上的水资源是丰富的，如能妥善保护和利用，可以供应200亿人的使用，但由于消耗量不断增长和可利用水域的污染等原因，造成可利用水资源的短缺和危机。我国淡水资源短缺形势非常严峻，主要有以下几方面的原因。

1. 人口增加、经济发展对水的需求越来越多

由于世界人口数量的不断增加，近40年来，世界人均占有的淡水资源量几乎下降了一半。中国是一个资源大国，但庞大的人口基数，使中国的人均占有资源量位于最低水平。如果世界人均水资源是一满杯水的话，中国的人均水资源仅仅是一茶匙水而已。

同时，中国正处于经济快速发展时期，城市化与工业化进程都很快。我国在改革开放后的30多年中，城市的数量增加了好几倍，城市的规模也越来越大。在城市和城市周围又建设了大量工业区，因此集中用水量很大，超过了当地水资源的供水能力。随着中国人口的逐步增加，水资源匮乏同人口激增之间的矛盾越来越尖锐。

2. 水资源污染波及全国

中国水资源的污染是一个全国性的问题，而且越是丰水区和大城市，越是人口密集的地区，往往污染越严重。据调查，目前中国有三分之一的河流、湖泊受到严重污染，有90%以上的城市水域受到不同程度的污染，几乎所有的农村地区正在遭受饮用水不安全因素的威胁。当滇池的水葫芦疯长而遮蔽了水世界的天空，当太湖上游的小溪黑色的水中没有任何植物，甚至连蓝藻和水葫芦也不见踪影，当那些上了年纪的老人因为喝了不安全饮用水而卧病在床……所有的中国人都不得不面对这样一个现实——中国的饮用水水质由于工业污染呈整体恶化的趋势。

3. 用水效率低和过度开发并存

城市生活用水和工农业用水都存在大量的浪费。据统计，北京城市管网漏水量占总用水量的10%～40%，甚至可达70%，这是城市生活用水中浪费最大的一项。在严重缺水的黄河流域，农业灌溉大量采用的还是漫灌方式。据估计，全世界灌溉水的37%用于作物生长，其余63%都被浪费掉了。工业上的浪费也相当严重，目前中国工业用水重复利用率远低于先进国家75%的水平，单位GDP用水量是先进国家的十几倍到几十倍。

另外，随着对水的需求越来越多，水资源的开发由地表转入地下，地下水超量开采的直接后果是地下水位持续下降，漏斗范围不断扩大。

海河流域是中国人口最密集的地区之一，也是中国最为缺水的地区，人均只有293立方米。同20世纪50年代比，这些年人口增加一倍，灌溉面积增加6倍，GDP增加30多倍，使得总用水量增加了4倍，大大超过水资源的承载力。结果，地表水、地下水长期过度开采，开采率达到98%，远远超出40%的警戒线。

可见，中国的水资源危机主要是人为因素造成的。

三、水是人类生存与发展的生命线

水是一种常见而又特殊的物质，是唯一无法替代的资源。水是生命和自然的创造者，是地球上奇峰异景的地貌雕塑家，是气候环境的调节器，同时它也在经济社会发展中发挥着重要的作用。

1. 水是农业的命脉

俗话说得好："有收无收在于水，收多收少在于肥。""有水无肥一半谷，有肥无水望天哭。"这都形象地阐明了水在农业生产中的地位和决定性作用。

2. 水是工业的血液

从古代的手工业到现代的高科技工业，没有一项工业的生产过程不需要水。在工业中，水有时作为动力，有时作为机器设备的冷却剂，有时作为原料，有时作为传递热量和化学反应的介质，有时作为工艺过程的溶解剂、洗涤剂、吸引剂等，几乎每一个生产环节都离不开水，所以人们把水视为工业的血液。

3. 水与能源交通

水是能量的一种运载体。人们就是根据这一特点，利用各种形式的水利机械将水能转变为机械能或电能满足人类生活、生产所需。水运是最古老的交通方式之一，闻名于世的京杭大运河就是一条沟通南北五省市、航程1700公里的内河航道。

人类历史的形成和科学文化的发展可以说都是以水为中心发展起来的。没有水，人就不能生存，古往今来，人类都是逐水而居，水资源的短缺会对我们的生活造成严重影响。比如，由于过量开发地下水，在古城西安，作为城市标志的大雁塔，随着地下水位的下降，已经倾斜了一米；一些沿海城市出现了海水入侵的现象，使地下水含盐量过高，失去了饮用价值；在产煤大省山西，有一半的煤矿由于缺水不得不缩减产量。全国每年因缺水造成的直接经济损失达2000亿元，每年因缺水少产粮食700～800亿千克……今天，水资源短缺和污染直接威胁着我们的日常生活。一家人一天的生活用水只有半脸盆水，每天要走5个小时山路去驮两桶水，每天的饮用水又黄又涩如同铁锈，一年洗不了一次澡……这一切都是真实的生活写照。

联合国预言，未来的战争是争夺水资源的战争！面对水资源危机，我们该怎么办?

四、如何缓解危机

中国古代曾被称为“泱泱大国”，今天，生活在这个“泱泱大国”的每一个人都面临着一个问题，那就是：我们与身边的水究竟如何和谐相处？水多为患，水少成灾，水脏贻害，如何与水和谐相处，再一次考验着人类的智慧。

1. 加强水资源管理

水利部部长陈雷在全国水资源工作会议上表示，我国将实行最严格的水资源管理制度，建立健全流域与区域相结合、城市与农村相统筹、开发利用与节约保护相协调的水资源管理体制，划定水资源管理的“三道红线”，以应对严峻的水资源形势，保障经济社会的全面、协调、可持续发展。水资源属于国家所有，必须加强管理、统筹兼顾。

2. 调节水源流量，增加可靠供水

(1) 建造水库

建造水库，调节流量。可以将丰水期多余水量储存在水库内，补充枯水期的流量不足。目前，各国在江河上建造的库容超过1亿立方米的水库共有1350个，总蓄水量达到4100千立方米。

(2) 跨流域调水

是从丰水流域向缺水流域调节。现在，中国人正在规划南水北调的蓝图，试图为子孙后代编织一张巨大的水网。南水北调工程现已提出了三条调水线路，通常称为西线、中线和东线。目前，西线和东线调水尚处于前期准备阶段，中线调水已完成勘测、规划，部分路段已经贯通——2008年9月18日上午10点，河北省黄壁庄水库提闸放水，滔滔河水顺着刚刚修成的南水北调中线水渠输向北京，这标志着南水北调中线工程石家庄到北京段区间得以贯通，1870万立方米清水沿着这条应急供水渠道到达北京，为连续干旱九年的北京送来了解渴之水。

(3) 污水治理

采用综合防治水污染的方法恢复河、湖水质，即研究水体自净、污水处理规模、污水处理效率与水质目标及其费用之间的相互关系，寻求优化治理方案，制订水污染控制规划，使得受污染的水域的水质得到恢复，增加淡水供应。

增加可靠供水，还可以利用海水淡化技术、合理利用地下水等。2008年11月，加拿大研制出空气造水技术，为我们获得新水源提供了新思路。

3. 减少浪费，提高水的利用效率

有效节水的关键在于实现水资源的重复利用。如果我们把全国工业用水的平均重复利用率从目前的20%提高到40%，每天可节水1300万吨，相应地，节省供水工程投资26亿元，节水量和经济效益都是相当可观的。在农业生产上，实行科学灌溉、防渗渠道和暗管输水等工程技术的应用可以达到明显的节水效果。覆盖滴灌对水的利用效率比较高，是适合干旱、半干旱地区的新型灌溉技术。同时，充分利用降水进行控制灌溉和发展旱地农业，是解决我国水资源危机的一条有效途径。

4. 树立惜水意识，注重节约用水

长期以来，大多数人普遍认为水是取之不尽的，不知道珍惜水。在城市里，拉动一个抽水马桶，宁夏缺水地区一家人一星期的生活用水就全部被冲到了下水道。所以让更多的人了解水资源状况、树立起水资源危机意识非常重要。节约用水不是限制用水，专家指出，就目前到处存在浪费的情况来说，运用今天的技术和方法，农业减少10%～50%的需水量，工业减少40%～90%的需水量，城市减少30%需水量，都丝毫不会影响经济和生活质量的水平。节水要从爱惜水做起，养成爱护水、时时处处节约水的好习惯。

水是生命之源，是人类文明延续的动力，只有人与水和谐共处，人类才能走出水资源危机的困境！

第四节 “从‘多利’的诞生话克隆”主题教学设计案例

课时教学设计 1

教学的基本信息	
课题	“校园科普”课程介绍
单元（或主题）	第一单元，引入课程，激发兴趣

教学内容分析及学习者分析
1. 教学内容分析 本课时首先组织学生对“科学”和“科学的魅力”及“科学给人们带来的影响”几方面进行讨论，使学生认识到，当今信息量增长迅速的时期要不断学习，而科普是非常有效的手段。科普形式多样，而校园科普是教学生如何做科普。选取本校之前开展“校园科普”中的记录，如介绍课程全过程的录像、各阶段的精彩照片、学生作品及学生结课时的感受作为对课程的介绍，使学生了解在课程的学习中要锻炼和培养自己哪些方面的能力，让学生对自己和小组团队以及班集体要完成的工作有初步的规划。以上内容能让学生了解课程的内容和性质，明确整个学期的任务和活动形式，激发其主动参与的热情。这节课把学生的积极性调动起来有助于整个学期的活动开展，也将有助于培养学生创新人格的目标的实现。 2. 学习者分析 初二年级的学生通过初中一年的学习，接触了更多的自然科学领域的知识，并且有很强的社会实践能力，能够独立设计制作幻灯片并演讲，比较适合开展“校园科普”课程，但这个阶段的学生参与过的科普活动较少，对科学的理解不够深入，并且缺乏传播科学的意识与能力。学生通过学做科普并实践的过程可以逐渐培养关注科学、传播科学的意识和能力。

教学目标
1. 通过观看视频、照片，了解“校园科普”课程的活动内容与方式，激发参与热情。 2. 通过讨论科学、科普与我们的关系，明确课程开设的目的，增强“关注科学、热爱科学、传播科学”的社会责任感。

续表

<table>
<tr><td colspan="4">教学重点和难点</td></tr>
<tr><td colspan="4">重点：激发学生参与的热情和传播科学的社会责任感。
难点：激发学生参与的热情和传播科学的社会责任感。</td></tr>
<tr><td colspan="4">教学流程</td></tr>
<tr><td colspan="4">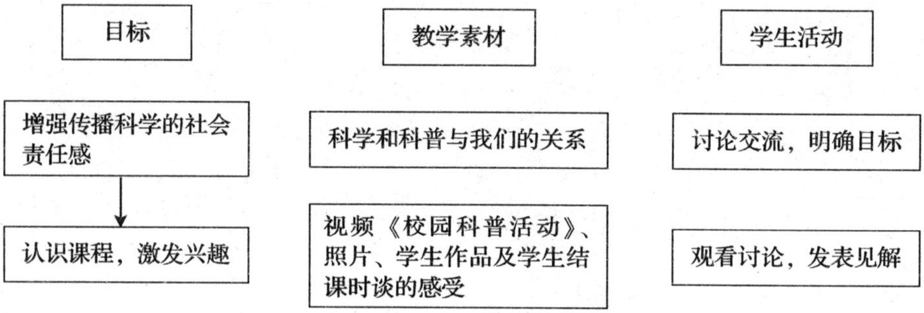
</td></tr>
<tr><td colspan="4">教学过程</td></tr>
<tr><td>教学环节</td><td>教师活动</td><td>学生活动</td><td>设计意图</td></tr>
<tr><td>创设情境，进入主题</td><td>1. 与学生一起探讨什么是“科学”以及“科学的魅力”，引导学生对科学家的奉献精神表示崇敬，并展示当年自然科学的诺贝尔奖获得者的信息。每年的诺贝尔奖评选都受到世界的关注，因为科学有着独特的魅力。
科学和我们有什么关系？科学是科学家的事情，跟我有什么关系呢？科学和技术的进步体现在我们生活的方方面面。科学需要好奇心、理解力和对真理的深情。“科学是属于大众的，公众对科学的了解会极大地促进科学的发展。”
2. 先请学生举几个教室内的科技应用，如幻灯、空调等，再一起回忆影片中或生活中的变化。
与学生一起回忆当年的全球赛事或世博会中科技提供的力量，如科技奥运，科技世博等。</td><td>各抒己见。联系生活实际谈科学与自身的关系，认识到科学技术发展与生活息息相关，进一步明确科学普及的重要性。参与讨论，发表见解，思考并结合实际展开讨论。</td><td>通过讨论交流，使学生认识到科学的发展速度之快，与人们生活关系之密切，进而关注科学，热爱科学，增强传播科学的社会责任感。</td></tr>
</table>

续表

认识课程，明确任务	1. 这学期同学们的课表里多了一门新课——“校园科普”，你参加过校园里的这一活动吗？你知道这是一门怎样的课吗？ 2. 解密“校园科普”课程。同学们参加过科普活动吗？参加过什么样的科普活动？参观过博物馆的科普画廊，还是听过科学家的科普报告呢？（请学生发言）在这样的活动中你充当一个什么角色呢？想没想过有一天自己也要给别人做科普？ 有一句话叫：I hear and I forget；I see and I remember；I do and I understand，那么 when we teach，and we——？请同学们来填上这个词，I teach and I（master）。 3. 介绍课程。校园科普为我们搭建了一个平台，让我们有机会挑战自己，做一回科普。我们要感谢一个人，是他提出了提高全民科学素质是当前我们国家的重要战略举措，是他把“校园科普”作为全民科学素质教育的一个实验，在初中开设科普教育课程，这个人就是我国著名的天文学家、院士——王绶琯先生。（介绍王院士的求学经历和对我国天文学的贡献，让学生想近距离接触这位科学家）校园科普属于素质教育，需要建立一个新的方法体系。因此，我们的“校园科普”不是讲授科普知识，也不是做科学研究，而是教师和学生一起学做科普。 4. 播放视频《人大附中校园科普掠影》。	结合实际情况分析自己的角色。 观看视频，感受课程。 依据视频，交流发言，明确课程的内容、性质和任务。 认真倾听，找到适合自己发挥特长的环节，参与活动。	用最直观的方式引发学生参与的兴趣。 介绍课程设置的初衷及课程的安排，让学生有目的地参与。

续表

认识课程，明确任务	5. 介绍课程安排。校园科普课程分为四个阶段：第一阶段——课程引入，兴趣激发。第二阶段——制作科普报道稿。每位同学在了解选题的基础上制作一篇科普报道稿，并在班级讲解，优秀作品还会在年级展出。第三阶段——制作展板、准备演示文稿或其他呈现方式。这一阶段的课程都是以小组合作的方式来完成的，学生通过分工与合作、切磋与讨论，激发参与意识和成就感。第四阶段——展示汇报。展示汇报有两种形式：一种是展板展示互动——由展板组向全年级甚至全校的同学做选题介绍，进行提问互动，营造浓浓的校园科普氛围。另一种是科普报告会——报告会上，演讲组的学生就是一个个小“科普专家”，他们向同学做科普报告，并接受老师和同学的提问。通过一学期的“校园科普”，学生不仅培养和锻炼了各种能力，而且提升了“关注科学、热爱科学、传播科学”的素养。		
激励展望	大家在学做科普的过程中提升科学素养，增强多方面的能力，培养团队合作精神。“校园科普”课就是给大家提供一个平台，大家通过一起努力，最后将呈现给全年级甚至全校一场精彩的科普报告，而报告的主讲人都是咱们同学！怎么样？有没有兴趣尝试一下？	充满期待，跃跃欲试。	
板书设计			
科学的魅力；学做科普；全民科学素质教育；展板组；演讲组。			
教学反思及改进措施			
课程的第一课时重点在于调动学生参与的积极性和激发学生传播科学的社会责任感，让学生感受到这是一门新颖、有趣、有意义的课。通过提及每年的全球大事记中的科技部分和诺贝尔奖的获得者引起学生对科学的关注，并使学生认识到科学与我们关系密切，使学生产生热爱科学的情感。教师要注意资料的及时更新，以便使学生产生兴趣。			

续表

特别关注
对教学条件的要求：普通教室，有投影。 教学组织与实施中的难点：激发学生参与的兴趣。 学习资源：视频《人大附中校园科普掠影》；制作的 PPT。

课时教学设计 2

教学的基本信息	
课题	介绍选题——从“多利”的诞生话克隆
单元（或主题）	第二单元，介绍选题
教学内容分析及学习者分析	
1. 教学内容分析 科普选题——从“多利”的诞生话克隆，包括克隆初探、胚胎细胞克隆、体细胞克隆、体细胞克隆的发展前景四个子课题，第一个子课题总述并引出克隆，后三个子课题逐步展开介绍。对课题做开题导引时要结合 PPT 和讲演文以及与克隆有关的视频。 用 1 次课的时间介绍选题的内容和结构，使学生初步理解选题内容，并对选题有整体的把握，找到感兴趣的、想进一步探究的问题。 2. 学习者分析 初二年级的学生已有一定的生物学知识，对于克隆能够说出克隆羊“多利”的诞生，而对于克隆是谁提出的、克隆羊“多利”的诞生为何引起全世界的轰动以及克隆的方法和发展了解并不多，但他们求知欲强，想了解更多。	
教学目标	
通过介绍选题并结合讨论，激发学生对选题的热情。	
教学重点和难点	
重点：介绍选题内容概要，使学生对选题内容有初步了解。 难点：激发学生对选题深入了解的热情。	

续表

教学流程			
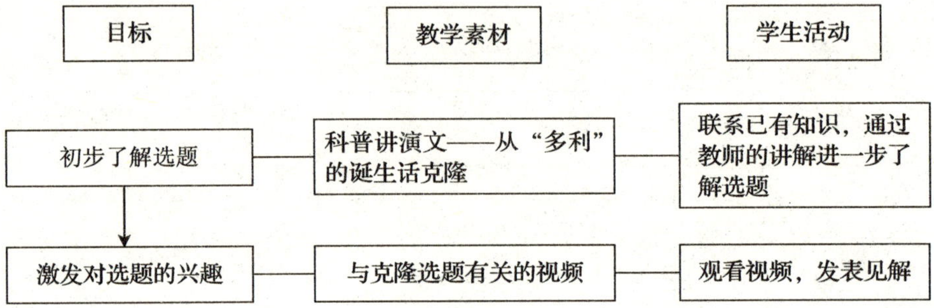			
教学过程			
教学环节	教师活动	学生活动	设计意图
引入主题，提出讨论的问题	梦想总是给人们带来研究的动力，人们想让灭绝的动物复活，也想通过复制自己的器官来治病，这一切可能吗？ 科学家们不断努力，正在使理想逐渐变成现实。 让全世界都为之震撼的是一只名叫“多利”的小羊的诞生，它的诞生为什么能引起全全世界的关注呢？因为它和其他动物不同，“多利”是世界上第一例通过体细胞核移植出生的动物，是克隆技术领域研究的巨大突破，被称为世纪末的奇迹。 请同学们利用已有的基础知识思考：科学家们是如何从对动物的自然繁殖机理出发，来设计并完成克隆实验的？又是如何从使用动物的胚胎细胞进行克隆发展到利用“高度分化”的体细胞来完成克隆的呢？体细胞克隆成功后，又给人类社会带来怎样的惊喜，而惊喜之后是不是还有一些不足之处有待改进呢？	回忆有关“多利”诞生的过程，思考并参与讨论。	引入选题，让学生对选题内容产生兴趣。

续表

分别介绍课题中的四个子课题	分别介绍四个子课题，从克隆思想的提出到胚胎细胞克隆和体细胞克隆，最后展望体细胞克隆的发展前景。 一、克隆初探 在一个受精卵发育成个体的过程中，细胞逐渐丧失其分化潜能。而受精卵细胞核中的染色体携带的父母双方的遗传信息指令指导了父母和子代间的性状遗传。由汉斯·施佩曼在1938年提出的“奇异的实验”是现在克隆动物的基本途径。胚胎细胞克隆成功可以改良现有的物种品质，而“多利”的诞生标志着体细胞克隆的成功，而体细胞克隆有着更多的应用价值。 二、胚胎细胞克隆 科学家在探索动物细胞全能性丧失原因的实验中发现，胚胎细胞的细胞核保持着全套基因组。这就为最初的设想提供了可能。科学家把人工遗传操作动物的繁殖过程叫克隆，把这门生物技术叫克隆技术。20世纪90年代是我国胚胎细胞克隆的鼎盛时期。 三、体细胞克隆 体细胞是已高度分化的细胞。英国的维尔穆特小组控制了“多利”的胚胎发育和诞生的全过程，它是世界上第一例经体细胞核移植出生的动物，是克隆技术领域研究的重大突破。 播放相关视频。 四、体细胞克隆的发展前景 1. 之前提到的都是同种体细胞克隆，而现在科学家们正在尝试进行异种体细胞克隆。 2. 应用价值 培育优良畜种和实验动物，治疗性克隆，复制濒危物种。 播放相关视频。 3. 克隆技术应用中不得不考虑的问题 克隆技术中的成活率低以及克隆的个体体质差、寿命短及是否具有繁殖能力等都是需要认真研究的问题。克隆是否具有进化意义？	认真倾听，观看视频，积极思考，初步了解选题的内容和结构。 观看视频，感受课程。 依据视频交流发言。	用适当的图片和视频来调动学生的学习兴趣。

续表

总结	从“多利”的诞生说起，介绍了有关克隆的很多问题，包括了克隆的提出和发展等，这其中一定有你感兴趣的问题。老师今天的介绍只是开题阶段，在这学期中，我们班将围绕这一选题展开讨论并且会对选题有深入的了解，从而使大家能够作为一个对克隆了解较多的小科普专家为年级同学作报告。	整理思路，记录所想到的问题。	
板书设计			
世纪末的奇迹；体细胞核移植；性状遗传；克隆。			
教学反思及改进措施			
介绍选题时既要让学生对选题的内容有初步的了解，也要使他们有整体的概念，而在学生原有知识的基础上提出适当的问题，可以引起学生的思考，这种思考可以使他们去查找资料并总结出答案，因为主动学习是学生学做科普的关键。基于以上设计初衷，教师在介绍选题时要注意“留白”，既不能将讲演文中的内容全部讲清，也要激发学生主动学习的热情，这种授课方式和以往的教学方式有所区别，所以要精心设计课题内容和活动。要注意每段视频播放前后的讲解，既要使学生有目的地去观看视频，又要在与学生讨论、总结视频中提到的相关知识点。			
特别关注			
对教学条件的要求：普通教室、有投影。 教学组织与实施中的难点：介绍选题时既不能过于细致，又要涵盖选题的四个方面。 学习资源：相关视频、制作的 PPT。			

课时教学设计 3

教学的基本信息	
课题	从“多利”的诞生话克隆
单元（或主题）	第三单元，了解选题内容，制作科普报道稿

续表

教学内容分析及学习者分析
1. 教学内容分析 本课选取从“多利”的诞生话克隆讲演文和条目供学生阅读和讨论。在上一课时教师介绍选题的基础上，学生可以通过阅读进一步了解选题内容，如选题中的子课题的内容及联系。之后组成小组（座位相近的 4 人组成一组）进行讨论，对选题中的难点和疑点做出正确理解和把握。为进一步使学生了解选题内容，能用自己的语言描述选题，教师要指导学生撰写科普报道稿，并帮助学生拟好题目、设计小样。 2. 学习者分析 学生通过教师对选题的介绍，对选题内容有了初步了解，而对具体内容的理解还需要阅读讲演文和条目，学生阅读后提出疑问并通过合作学习的方式讨论解决疑问。学生从未撰写过科普报道稿，第一次写，对于撰写要求的理解是能否写好的关键。
教学目标
1. 通过阅读讲演文和条目，小组讨论，进一步了解选题，并解决部分疑问。 2. 通过明确科普报道稿的撰写要求，设计自己的报道稿题目和小样。
教学重点和难点
重点：使学生在独立阅读讲演文和条目时提出疑问，并通过小组讨论得到部分解答。 难点：使学生理解和明确科普报道稿的撰写方法。
教学流程

目标	教学素材	学生活动
进一步了解选题内容，提出自己的疑问	“从‘多利’的诞生话克隆”讲演文和条目	阅读讲演文和条目，做读书笔记，记下自己的疑问
↓ 合作学习	学生阅读时提出的疑问	讨论交流，解答部分疑问
快速理解科普报道稿的撰写要求	科普报道稿的撰写要求	与教师交流，明确写法
↓ 设计撰写方案，提出自己的想法	以往学生设计的小样	设计小样

续表

教学过程			
教学环节	教师活动	学生活动	设计意图
阅读讲演文和条目	在上次课的开题导引后，学生需要时间来自主阅读讲演文和条目，以便对选题理解得更深刻。提示大家“从‘多利’的诞生话克隆”讲演文是一篇介绍克隆的科普文章，而条目相当于词典，在阅读讲演文的过程中遇到想进一步了解的问题可以查阅条目。请学生边阅读边做读书笔记，记下自己的问题，在小组讨论时提出。	准备阅读，并以座位为准，附近 4 人为一组。	通过阅读来进一步理解选题，学生可以正确把握选题内容和整体结构。
学生阅读并进行小组讨论	在学生自主阅读前，帮助学生将讲演文的结构理清，并指导学生如何使用条目、如何做读书笔记、记下自己的问题。 在小组讨论过程中，教师要平均分配时间到各组参与讨论并指导记录员做好记录，学生初次进行组内讨论及记录，教师要就具体实施方法进行辅导。 在学生阅读后，指导临近座位的学生 4 人组成一个小组，其中一名学生为组长，组织讨论，一名为记录员，记录大家的发言纲要。 每个学生将自己的疑问在小组讨论时提出，组内 4 人积极讨论。如有小组提出的问题较少，教师也可在参与讨论时向学生提出问题以供讨论。	每人提出一个问题或组内讨论得出教师提的问题的答案，也可是最关注的问题、还不清楚的问题、需要进一步查阅资料的问题等(30 分钟)。在组长的组织下，每组选一位同学作为记录员记录讨论情况（使用记录表）并准备汇报。	学生通过做读书笔记可以形成完整的知识结构，并且可以提出自己的问题和想法，进行归纳和整理。 讨论中，学生可以通过合作获得更多的知识，同时学会尊重他人的意见并且不盲从，学会倾听和讨论以便达成一致或保留意见。

续表

<table>
<tr><td>小组汇报</td><td>指导学生整理组内讨论并记录问题，将最精彩的讨论部分与全班同学分享。
点评每组的汇报，指导学生对问题进行深入讨论，得出结论。
教师在各组汇报后进行点评，便于汇报的学生将本组经讨论提出的问题汇报清楚。对于能够对同学提出的问题进行深入讨论的小组要提出表扬，如有的学生提出体细胞和胚胎细胞的区别是什么，该小组既从定义讨论，也从用途讨论，并讨论其是否易提取。</td><td>各组记录员汇报讨论情况，介绍本组讨论的精华部分。</td><td>学生练习对资料的整理和归纳、分类，用自己的语言进行描述。
通过记录员的汇报交流和教师的点评，学生可以逐渐明确讨论的正确方法以及目的和意义。</td></tr>
<tr><td>提出科普报道稿的撰写要求</td><td>每人完成一份科普报道稿，每份科普报道稿文字在600字左右，正文用4号或小4号字，可插入2～3幅图片。版面为一张A4纸大小（纵向），要有主副标题、个人信息等。
要求学生在阅读讲演文和条目基础上用简单明了的语言进行表达。报道稿的内容要翔实、准确，具有科学性，语言通顺、流畅，版面设计精美。
选出优秀作业在年级展出，并作为后期制作展板的蓝本。</td><td>作记录，提出自己对写作要求的疑问。</td><td>学生第一次尝试撰写科普报道稿，提出撰写要求的同时，也教会学生如何写作。</td></tr>
<tr><td colspan="4">板书设计</td></tr>
<tr><td colspan="4">了解内容；合作学习；理解要求；提出设想。</td></tr>
<tr><td colspan="4">教学反思及改进措施</td></tr>
<tr><td colspan="4">这次课的内容比较紧凑，既让学生有充足的时间自主阅读讲演文和条目，也讲解清楚了如何使用条目、如何做读书笔记。学生第一次组成小组讨论学习，教师只布置讨论是不够的，要在学生讨论中参与每一小组的活动，鼓励学生在提出问题的同时积极参与小组讨论，也要教会记录员如何使用讨论记录表，做好讨论记录。小组汇报时，汇报人到讲台上汇报要大方端庄，从姿态到语调、语速都要做到得体，这就需要教师的指导。教师在各组汇报后进行点评，有利于汇报的学生将本组经讨论提出的问题汇报清楚，并在全班范围产生共鸣。
如果学生对科普报道稿撰写要求理解得不够好，教师可以利用以往的学生优秀作品作为示范，使学生将具体要求和实际操作结合来理解，同时激励学生产生超越别人的作品的信心。</td></tr>
</table>

续表

特别关注
对教学条件的要求：普通教室、有投影。 教学组织与实施中的难点：指导学生作读书笔记并进行小组讨论。 学习资源：讲演文、条目、制作的 PPT。

课时教学设计 4

教学的基本信息	
课题	从“多利”的诞生话克隆
单元（或主题）	第三单元，制作科普报道稿，小组评选优秀科普报道稿
教学内容分析及学习者分析	
1. 教学内容分析 本课选取以往学生的作品——优秀科普报道稿作为示例，讲解科普报道稿的写作要求和设计方法以便激发学生制作出独特、新颖的报道稿。教师对学生提交的初稿、修改稿和完善稿进行面批，既肯定优点也要提出修改意见。之后，以小组为单位进行评选，选出组内优秀科普报道稿，准备在全班展示。在此过程中，学生能设计和完善自己的科普报道稿，用自己的语言表述科普概念，并能根据自己的创意不断设计、制作和修改。小组的合作评比对培养学生的合作能力有帮助。 2. 学习者分析 通过教师对选题的介绍和对科普报道稿的写作要求的讲解，学生能初步理解并开始设计自己的作品，但还不能用自己的话来表述科普概念，经过三次面批及以小组为单位进行的合作学习和评比，学生能够逐渐提高此方面的能力并且能够培养其自我管理和监督的能力。	
教学目标	
1. 通过辅导学生按要求撰写并修改和完善科普报道稿，使学生掌握其写法。 2. 通过指导学生以小组为单位进行合作学习和评比，使学生逐渐适应小组合作学习。	
教学重点和难点	
重点：使学生在独立阅读讲演文和条目时，提出疑问，并通过小组讨论得到部分解答。 难点：使学生理解和明确科普报道稿的撰写方法。	

续表

教学流程

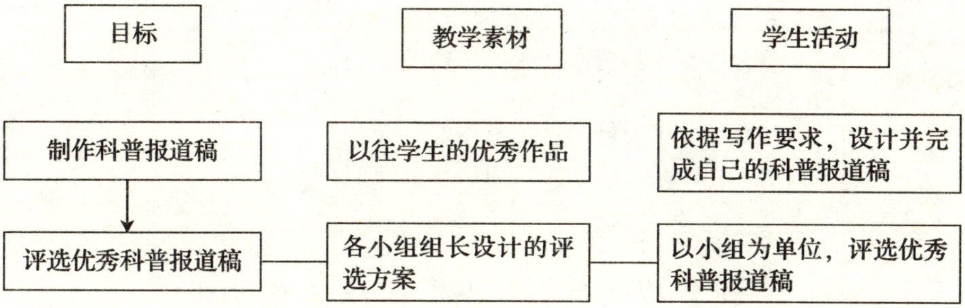

教学过程

教学环节	教师活动	学生活动	设计意图
再次解读科普报道稿的撰写要求	上次课，大家自主阅读讲演文和条目，对选题有了一定程度的理解。从这次课起，我们利用三次课的时间（6 课时）来完成一篇原创的科普报道稿。 主题可以是讲演文中的四个子课题，也可以是讲演文中任何一个感兴趣的问题。 确保科普报道稿的科学性很重要，而在保证科学性的基础上要尽量用自己的语言将问题讲清楚，可以从自己理解的角度出发，这样的报道稿才是原创的。如对克隆的发展前景方面，有的同学选取转基因食品和克隆食品作为主题，有的同学选取治疗性克隆作为主题，还有的同学讨论胚胎细胞与体细胞的区别，克隆羊“多利”寿命短的原因等。 给自己的报道稿设计一个吸引读者的题目，主标题是子课题名称，副标题要能概括出文中着重讲述的内容，例如体细胞克隆发展前景——治疗性克隆；克隆初探——克隆思想的提出。	认真记录写作要求，选取自己感兴趣的内容准备写作。	再次解读写作要求，并且对于原创性和科学性的要求作出解读，有助于学生明确写作方法和注意事项。

续表

再次解读科普报道稿的撰写要求	版面设计多用图片和表格，如“多利”的诞生过程用图片来表示比用文字叙述更加直观、形象。图片和表格的选取一定要能起到辅助作用，而且要有图注和表头，这才符合科学性的要求。版式尽量美观大方、标题突出、层次清晰。 鼓励学生尽力做好，优秀作业将在年级展出，并有机会被选为后期制作展板的蓝本。		
辅导学生完成科普报道稿	学生在制作科普报道稿的过程中，利用学习机上交初稿、修改稿和完善稿。教师在学生制作报道稿的过程中，尽量能照顾到每一个学生，如果不能，要在学生提交作业后的一周内，阅读并批阅每名学生的稿件，这样既可以关注学生的制作进展，也可以帮助学生解决不能提炼文字和使用Word编辑器的问题。 教师总结每一次科普报道稿的完成情况时，要肯定学生的认真态度和热情投入。分层次表扬完成好的学生，明确指出大多数学生的共性问题。 更要鼓励学生之间互相帮助，如有的学生对Word编辑器的使用很在行，有的学生上网查找资料的方法很有效，有的学生可以很好地利用图片编辑器，这些“小专家”可以帮助同学一起制作出精美的报道稿，以实现在制作科普报道稿的过程中全体学生都有最大的收获。	尝试写出提纲、设计小样；选出自己感兴趣的问题，在阅读过讲演文和条目后，还有不懂的问题上网查阅资料，对资料进行整理，确定内容后，用自己的语言来叙述；给自己的报道稿起一个吸引人的标题；查找或者自己绘制适当的图片和表格来配合文字。 通过组内互助将报道稿逐渐完善。	在初稿、修改稿和完善稿的制作过程中，教师对写作技巧进行指导及提出修改意见可以帮助学生顺利完成第一次科普报道稿的写作。
小组评选优秀科普报道稿	学生在完成科普报道稿后，由各组选一名组长集体商定优秀科普报道稿的评选要求。 培训组长，使其能组织组员进行公正、有序、公开的评选。 组长组织小组成员评价小组的科普报道稿，并选出1～2份优秀科普报道稿代表小组参加下次课的展示。	各组组长商议评选要求： 版面设计新颖，内容翔实，层次清晰。	设计评选方案，并与学生合作，培养组长的责任感。

续表

板书设计
原创科普报道稿；确保科学性；讲清楚问题；解读写作要求。
教学反思及改进措施
本阶段一共有 3 课时，第一课时中，学生利用大部分时间来设计小样，选择主题，查找并整理资料，第二课时和第三课时，学生对初稿进行修改并完善。教师在每次课始既要对学生作品中的优点进行表扬，也要指出不足和改进方法，关键是要鼓励学生进行组内互助学习，指导组内互评，以培养学生的合作学习能力。学生尤其非常看重和认可各组长设计的评选方案，此方法比教师直接给出评选要求或者教师直接评选出优秀科普报道的效果好，更加有利于学生创新能力的培养。
特别关注
对教学条件的要求：网络阅览室，有投影。 教学组织与实施中的难点：通过面批辅导每位学生完成科普报道稿。 学习资源：制作的 PPT。

课时教学设计 5

教学的基本信息	
课题	从“多利”的诞生话克隆
单元（或主题）	第三单元，优秀科普报道稿展示
教学内容分析及学习者分析	
1. 教学内容分析 在优秀科普报道稿展示活动中，10～16 位学生在班级里利用幻灯展示自己的作品，教师先作示范，对前几位展示的学生进行提问和点评，其余均由学生观众对台上的同学提问和点评，台上展示的同学作出回答。同时，8 位学生评委组成评审团对每位同学的展示过程进行评价，并打分。 2. 学习者分析 学生用三周时间精心制作了科普报道稿，需要一个平台来展示自己的作品。为实现演讲者和听众的沟通，学生设计了互动环节，而在一问一答中，有关克隆的问题可以得到深入的探讨。在评选优秀科普报道稿的同时，学生又一次明确了什么样的报道稿符合要求并且是优秀的。这次展示课上，被评选出的优秀撰写人将面对全班来展示自己的作品，无论是展示的过程还是接受提问和评价的过程以及课下的准备过程都是对其创新能力的培养。	

续表

<table>
<tr><td colspan="4">教学目标</td></tr>
<tr><td colspan="4">1. 通过辅导优秀科普报道稿撰写人进行展示，使学生掌握展示的基本方法。
2. 通过指导学生评委对展示人进行评价和打分，培养其公正的态度和强烈的责任感。
3. 在学生展示的过程中，对前几位学生进行提问和评价，使观众学会有针对性地提问和客观地评价。</td></tr>
<tr><td colspan="4">教学重点和难点</td></tr>
<tr><td colspan="4">重点：在优秀科普报道稿的展示中，指导学生展示，指导观众进行提问和评价。
难点：引导展示的学生能充分地展示，评价和提问的学生能掌握方法。</td></tr>
<tr><td colspan="4">教学流程</td></tr>
<tr><td colspan="4">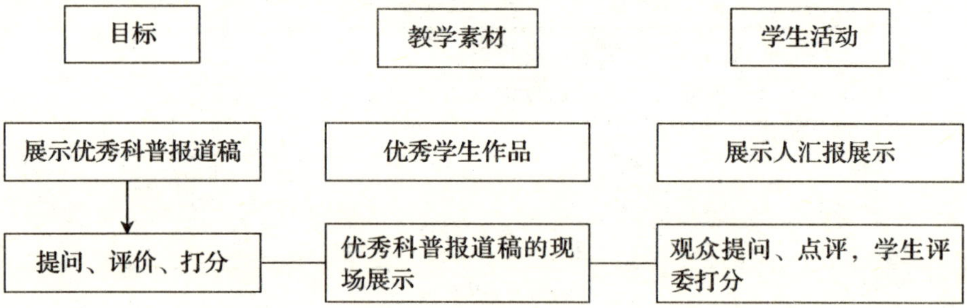
</td></tr>
<tr><td colspan="4">教学过程</td></tr>
<tr><td>教学环节</td><td>教师活动</td><td>学生活动</td><td>设计意图</td></tr>
<tr><td>课前辅导</td><td>课前由各组长选派一名学生作为评委，组成评审团，教师对评委提前进行培训。给评审团开会（8 名评审员＋1 名计时员），让评委明确评审原则，认真倾听每位同学的展示，及时打分。
在学生展示之前要对 16 名交流展示的学生进行培训，让学生明确交流的内容、方式。要求：展示电子版的同时做演讲；充分熟悉稿件，尽量脱稿讲解；与观众有交流，声音洪亮；站姿端正，手势规范；每人不超过 3 分钟；熟悉主题内容，认真准备，接受提问和回答问题时认真严谨，虚心接受观众的评价。</td><td>参加培训，记录具体要求，课前做好充分准备，在家里练习或与同学一起练习演讲。</td><td>评分程序展示前的培训可以使学生明确目的和意义，使评审团熟悉评分标准。</td></tr>
</table>

续表

优秀科普报道稿的展示	将被评选为优秀科普报道稿的终稿汇总到教师的电脑中，按照选题的四个子课题划分。 按照选题中的四个子课题的顺序来展示，有助于全班学生对克隆选题有更加整体的理解。各组间难免有重复的内容，后展示的学生要对前面已讲过的内容略讲。每名学生重点展示自己稿件中的精华部分，如自己对问题的理解等。 当学生利用幻灯展示报道稿时，由于是 Word 文档，字体不适合大屏幕播放，教师嘱咐学生先给大家展示整体效果，然后将其放大到 150%，使观众能够看清内容。	按照教师排列好的顺序到讲台前为同学展示，和同学进行目光交流，并辅以手势。 学生充分展示自己的科普报道稿，包括版面设计和内容、演讲过程。	展示科普报道稿的过程是对学生演讲能力的培养过程。
观众提问和点评，展示人回答提问，接受评价	各组学生依次上场进行演讲，教师不加评论，以免影响评分员打分。当学生展示开始时，教师和全体同学一起为他鼓掌，鼓励其放松，营造良好的学习气氛。 问辩环节：演讲的 16 名学生按照隶属的子课题是否相同组成一组，接受同学的提问。 提问举例：（1）你所了解的胚胎细胞克隆技术的最新发展是什么？（2）你认为治疗性克隆的未来应用会是什么？（3）科学家在克隆“多利”的过程中，为何使用乳腺细胞核，现在的体细胞克隆也延续这种方法吗？（4）你能给大家用几句话说明克隆食品是安全的吗？每一组展示结束后到台前来，接受同学的提问。 评价的方面包括版面的设计，色彩的选择，字体的大小，图片和表格的制作，图片和表格是否有图名和表头，内容是否翔实，层次是否分明，主题是否鲜明，能否围绕一个或两个主题展开讨论，展示人的手势、语气和声音是否合宜，是否与观众有眼神的交流或互动。	互动，观众提问和评价。 展示人在回答问题时，根据自己的理解来回答，展现良好的语言组织能力和逻辑思维能力。	让学生知道，在参加科普活动时，只有积极参与并互动，接受大量的信息，才能表达出自己的观点并与专家近距离沟通。

续表

观众提问和点评，展示人回答提问，接受评价	对主动提问和点评的观众给予鼓励，有时候学生不主动参与，教师可以在课前准备几个桌牌，分别名为“提问”和“点评”，随机放在几名学生的课桌上，这样可以鼓励其发言，也可以暗示学生只有认真听才能提出有价值的问题并做出恰当的点评。		
评委打分、评奖、发奖	将评分表发给8位评委，在展示开始前，请8位评委起立，接受学生的掌声鼓励。此过程可以让评委增加责任感。 8位评委为每一位展示的学生打分。评分细则为评委课前商定，包括以下几个方面：（1）声音洪亮，语言清晰流畅，讲解生动有趣，语言精辟（精准）；（2）题材新颖，思路清晰、严谨；（3）版面设计精美，字数适中，图片清晰。以上三大方面每个满分10分，总分30分。 评委根据评分规则评出一等奖1名、二等奖3名、三等奖5名、鼓励奖7名，并颁发课前准备的小奖品。	评委认真打分，计时员计时，计算每位展示人的总分。 根据总分排名，评出一、二、三等奖。	培养学生公正的态度和评价的能力。
板书设计			
明确交流内容；充分熟悉稿件；声音洪亮；虚心接受提问。			
教学反思及改进措施			
优秀科普报道稿展示活动分为准备和展示两个部分。课前的准备是否充分直接影响展示的效果，所以对每位即将演讲学生的辅导要细致。演讲的各环节要提前强调，如站姿、语言、手势、和观众的交流等。如展示时时间不够，评分和发奖品可在下次课上进行。如内容有重复，不易引起学生的兴趣，可以事先分配好某名学生只讲报道稿中的一部分。 即使课前已提出要求，还是有些学生准备得不够充分，基本不能脱稿，只是照着稿念；还有些学生对问题研究得不够深入，停留在表面，所以在进一步解释同学提出的问题时出现困难。 问辩环节气氛活跃，学生更乐于参与，并能有较多收获。			

续表

特别关注
对教学条件的要求：普通教室，有投影。 教学组织与实施中的难点：优秀科普报道稿撰写人做课前的准备时，需要教师辅导的人多，教师难以全部顾及。 学习资源：学生的作品——优秀科普报道稿、制作的 PPT、评分表。

课时教学设计 6

教学的基本信息	
课题	从“多利”的诞生话克隆
单元（或主题）	第三单元，科普报道稿总结
教学内容分析及学习者分析	
1. 教学内容分析 上次课 10～16 位学生在班级里展示了优秀科普报道稿，涵盖了选题的四个子课题，内容包括了克隆思想的提出、克隆技术的发展、体细胞克隆的意义、体细胞克隆的应用、克隆是否有缺点等。教师对前面演讲的几名学生进行了提问和点评，学生观众也对台上的同学进行了提问和点评，台上展示的同学也作出了回答。同时，评审团也对每名学生的展示过程进行了打分。学生在这几个环节中发挥了自己的特长，展现了演讲、问辩、评价等方面的能力，这次课将对以上环节进行总结，以期学生在下一次展示时有进步。 2. 学习者分析 完成科普报道稿的撰写和展示后，学生已经对选题有了全面的了解，并且能够通过演讲和提问对问题进一步讨论，但是与做一个小科普专家之间还有一定距离，还需要掌握其中各个环节的技巧，而这一过程正是对学生展示能力的培养。	
教学目标	
1. 通过辅导优秀科普报道稿撰写人进行展示，使学生掌握展示的基本方法。 2. 通过指导学生评委对展示人评价和打分，培养其公正的态度和强烈的责任感。 3. 在学生展示的过程中，对前几位学生进行的提问和评价，使观众学会有针对性地提问和客观地评价。	
教学重点和难点	
重点：在优秀科普报道稿展示后进行总结。 难点：如何提高学生科普报道稿的写作和展示能力。	

续表

教学流程

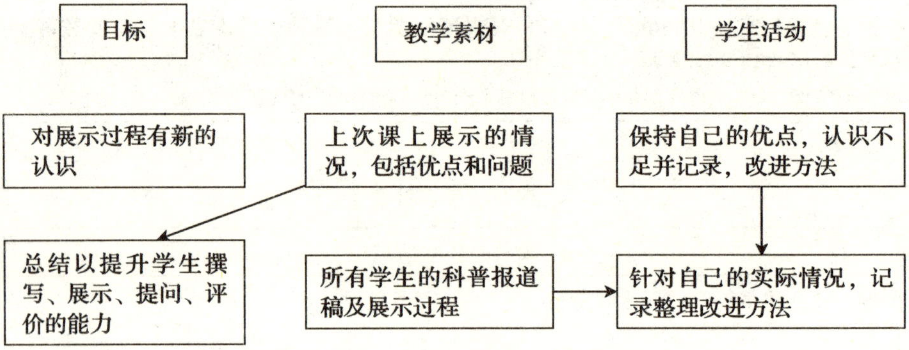

教学过程

教学环节	教师活动	学生活动	设计意图
优秀科普报道稿展示总结	老师从上次的优秀科普报道稿展示过程中发现了大家的很多优点： （1）演讲稿。大家都对克隆选题有了一定的了解，并对讲演文和网络上查找的资料、信息进行了浓缩和整理，如大家能对胚胎细胞和体细胞进行比较来分析体细胞克隆的优势。同学们都通过思考组织语言来表达，从原创程度可以看出你对选题理解的深入程度，很多同学还加入了自己的亲身经历。 同学们经过修改，从初稿到修改稿再到完善稿，制作技巧在不断提高，版面设计也越来越精美。 （2）演讲的同学。首先能站在同学前面用自己的语言来为同学做科普就是一件很了不起的事。万事开头难，第一次以科普的形式来演讲是一个挑战。演讲人态度积极，准备充分、认真，值得表扬。有几位同学非常镇定，有演说家的风度；科普报道稿中有自己的思考，并且有理有据，见解独到，有说服力，容易让别人信服。	根据演讲稿、演讲、提问或评价的实际情况和教师一起分析、发现优点。	对展示进行总结可以引导参加展示的学生重新审视自己的展示过程，使学生较快实现能力的提升。

续表

优秀科普报道稿展示总结	(3)观众。在台下认真聆听，并且积极参与，在互动环节中也展现了风采，对选题有了解，提的问题很深刻。评价也很中肯，如对于演讲出色的同学提出表扬，并能说出哪个部分精彩。		
全班的科普报道稿总结	通过撰写和评选以及展示科普报道稿，我们可以体会到，好的作品最重要的就是科学性，因为这是科普报道稿的基本要求，同时还包括以下几个方面：内容——简明扼要，清晰完整，能够抓住问题的重点。语言——简洁质朴，深入浅出，能将科学事件讲清楚、讲明白，最好是能用自己的语言讲出来。版面——整洁清晰，设计构思新颖，使人赏心悦目。 那么我们如何做得更好呢？我们将从撰写、美化、演讲以及提问和评价几个方面去分析。 1. 如何写科普报道稿。同学们的问题集中在篇幅不能缩短为规定字数，有的同学甚至写了2页纸。改进方法是深入理解，这样才能有自己的思考与想法，对科学事实的陈述也就可以用自己的语言来表述。 2. 如何使科普报道稿更美观。字体大小可以适当变化，突出标题和小标题，注意段落、行距的调整，要显得既不拥挤也不很松散。图片位置、尺寸与文字的搭配要合适。 3. 如何做出色的演讲人。只有对内容深入理解，足够熟悉，才能“讲解”而非“背诵”，这样才会有与观众的目光交流。声音要洪亮，如果原来声音小，可以自己练习，逐渐提升音量。演讲语言要书面化，严谨，具有科学性。 得体的仪态也是关键，有的同学习惯拄着讲台，有的同学习惯将手缩进袖口，这都是不好的习惯，应改正，在需要指点大屏幕时，身体侧转45度，手臂指向图或文字。	结合自己的实际情况，分析科普报道稿撰写过程中各方面的优点及不足，记录如何改进不足之处。 对于老师提到的好的作品的优点进行学习和记录。	对上一阶段学习内容进行总结可以帮助学生提高提问、评价的能力。 同时，通过教师的反馈，学生对自己的学习也会及时做出反馈，增强学习的积极性。

续表

全班的科普报道稿总结	4. 作为观众我们该如何提问和评价呢？认真听讲和积极思考是前提，只有充分尊重台上的演讲人，才能真正有收获。我们的提问要有针对性，针对演讲人提你感兴趣的内容，不能故意为难演讲人，不能故意提出与其演讲内容无关的问题。评价的方面可以涵盖演讲和报道稿的各个方面，但是要注意尊重演讲人，作出的评价要实事求是，对演讲人有帮助。		
板书设计			
浓缩整理；深入思考；演说家风度；认真聆听；积极参与；评价中肯。			
教学反思及改进措施			
这次课的主要目的是帮助学生梳理科普报道稿的制作过程、展示评价过程。通过教师的总结，学生可以清楚地知道自己的优势及需要改进的地方，更重要的是知道如何改进、如何做得更好，所以，教师在分析问题时要具体，提出的改进措施也要有针对性。如有的学生写克隆的发展前景，篇幅无法缩短，原因是克隆的发展前景很多，而学生想写的也很多，解决方法是选其中一点来详细介绍，这样既能对选题中的问题有深入的认识和理解，又能带来新颖、有价值的报道稿。			
特别关注			
对教学条件的要求：普通教室、有投影。 教学组织与实施中的难点：对科普报道稿总结中的细节问题的说明。 学习资源：制作 PPT。			

课时教学设计 7

教学的基本信息	
课题	从“多利”的诞生话克隆
单元（或主题）	第四单元，校园科普汇报展示动员

续表

教学内容分析及学习者分析

1. 教学内容分析

学生通过完成科普报道稿的撰写和展示已经对选题有了一定了解，并能向别人来介绍自己感兴趣的子课题，在此基础上学生就可以合作做完整的选题。这次课首先要使学生明确期末汇报展示阶段的主要任务及如何进行分组准备，接着进行分组和小组内详细分工，最后进行小组宣言。

2. 学习者分析

学生在个人学习和组内互助学习中已经对选题涵盖的克隆知识有了充分的认识，在准备全班汇报时需要进一步深入、细致地了解选题。这次课的分组环节能够激发学生对班级的责任感、对科学传播的热情，并且能锻炼学生处理分组中出现的种种问题的能力。

教学目标

1. 通过介绍期末全年级展示活动的细则，激发学生参与的热情。
2. 通过指导学生进行分组和组内分工，使其增加对小组和班级的责任感。
3. 在小组宣言环节中，使学生产生自豪感，增强其自信心和凝聚力。

教学重点和难点

重点：动员学生积极准备期末全年级的汇报展示。

难点：指导学生分组，协调各组间承担的问题。

教学流程示意

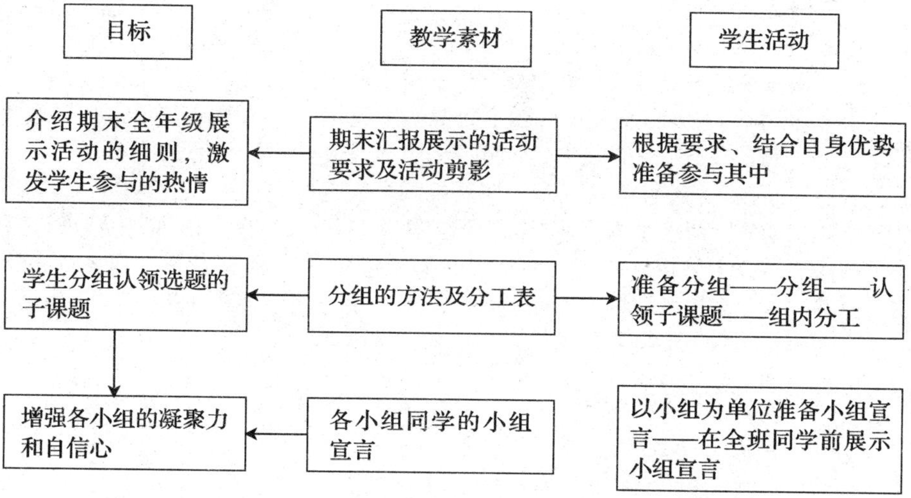

续表

教学过程			
教学环节	教师活动	学生活动	设计意图
介绍期末汇报展示活动细则	校园科普已经进入期末汇报展示活动，我们全班要为全年级做一次科普汇报，向大家来介绍“从‘多利’的诞生话克隆”这一科普选题。我们初步制订的时间是期末考试前两周。 在近两个半月的时间内，我们班同学已经非常熟悉克隆这一科普话题，但是如果要站在全年级同学面前为大家来讲解并能回答大家提出的问题，我们还需要一段时间来更深入地了解和内化选题，只有这样我们才能胸有成竹地站在演讲台前，而这一过程正需要我们全班一起努力、一起奋斗、一起开动脑筋。 我们的汇报展示分为两个环节，一个是展板展示，一个是演讲。展板展示需要我们班针对克隆选题制作四块展板，分别介绍克隆初探、胚胎细胞克隆、体细胞克隆、体细胞克隆的前景。四块展板整体参加展板评比。演讲也是这四个子课题，大家在演讲后接受同学的提问及评委的打分和评奖。	明确期末汇报展示活动细则及参评时间。	激发全班学生齐心协力为期末展示活动贡献力量的信心。 使学生明确任务量及具体的提交时间。
指导学生分组并认领子课题	同学们分为四个大组，每个大组负责一个子课题，而每个大组又要分为两个小组，一个小组是展板组，另一个小组是演讲组。如克隆初探这个子课题由一个大组负责，而这个大组又要分为两个小组，其中一个利用展板来为同学讲解克隆初探，另一组要通过演讲的方式和同学互动。 每个小组要有一名组长，负责组内分工、工作的进展、提交任务、汇报的每次课进度等，极富责任心，能够指导和协调组员间的合作与沟通。	明确分组要求、组长职责。 课间时间讨论并分组，产生组长，形成小组和大组，认领子课题。	竞选或是推选组长的过程有利于培养学生的责任感。

续表

指导学生分组并认领子课题	分组可以有两种方式，一种是按照自然组来分，另一种是可以自荐或者推荐组长，当选出组长后，组长再“招兵买马”，邀请有特长、踏实肯干的同学。我在黑板上写出各个子课题的名称，并在演讲组、展板组组长处留出空白，在课间 10 分钟时，大家估计已经选出了组长，并且也能形成小组了，每大组 10 人，每小组 5～6 人。		
指导组内分工和准备小组宣言	虽然课间时间很短，同学们还是通过讨论形成了现在黑板上的 4 个大组、8 个小组。老师看到了同学们在出现分歧时先是争论，有的是因为竞争组员，有的是为了竞争子课题，但是最后同学们想到全班有一个目标，就是为年级同学做一次非常精彩的科普，在这个大目标下，同学们开始谦让和协商，这个过程正是我们需要经历的，而经历过这些后，我们更能体会到合作的乐趣。 首先让我们对刚刚形成的小组及各位组长表示祝贺，现在小组长已选出，小组已形成，子课题也已经认领，接下来的时间是我们各小组的第一次活动时间。在 15 分钟内，各位组长要把组员聚集在一起，进行组内分工，展板组分工表如下：讲解员、绘图员、文字稿的供稿员、文字抄写员、资料员等。演讲组的分工为：演讲员、资料员、幻灯制作、演讲稿的供稿员等。 完成分工后还要为小组起一个响亮而且有创意和意义的组名，再想一句小组的口号，在宣布小组宣言时集体喊出。	组员在组长的带领下集合并讨论出分工表、组名、小组的口号。	有利于组员间的合作，使组员提出新颖的想法。

续表

小组宣言	各小组到班级前面来介绍小组宣言，先介绍组名，然后集体喊出小组的口号，最后介绍分工。 最先到前面来的三个组将在过程评价中整体加分。	积极参与。 小组的名字和口号各有特色。	展现学生的创意和热情。
板书设计			
科普汇报；展板展示；演讲；分组；认领子课题；发布小组宣言。			
教学反思及改进措施			
在这次课中，学生在分组和认领子课题时表现出既有竞争又顾全整体的精神。起初，各组都想认领第四个子课题，也就是“体细胞克隆的发展前景”，因为这个子课题的内容比较多，也有很多新进展，制作起来材料多，设计也容易，但是大家都想选这个子课题，别的题必然要受到冷落。就在大家还在激烈竞争时，有的学生提出，班级是一个整体，应该一起为年级同学做这个选题的科普。这句话一下让竞争的各方冷静了下来。学生开始谦让，先是男生组让女生组先挑，女生组主动选了剩余的子课题，最后男生组把体细胞克隆的发展前景这一子课题承担下来，并发誓一定做得非常优秀。 在组名和小组口号的创作中，学生间既有激烈的争执又有达成一致时的欢呼，这都是非常难得的，只有这样，他们才是真正展现自我，而像这样与实际工作很相似的合作过程对他们来说是很难得的锻炼机会。			
特别关注			
对教学条件的要求：普通教室，有投影。 教学组织与实施中的难点：对学生分组的协调。 学习资源：制作 PPT。			

课时教学设计 8

教学的基本信息	
课题	从“多利”的诞生话克隆
单元（或主题）	第四单元，校园科普汇报展示准备阶段

续表

教学内容分析及学习者分析

1. 教学内容分析

在上次课中，学生已经明确期末汇报展示活动的活动细则及任务，各小组分别认领了 4 个子课题。从这次课开始，学生就将分小组活动，利用 4 周的时间同时准备 4 块展板和 4 份演讲幻灯片及演讲稿，直至在展示前的一周回到班级模拟汇报，征求全班同学的修改意见。一个大组负责一个子课题，如“克隆初探”的子课题，展板组准备的内容应侧重适合用展板语言讲清楚的科学事件，如克隆的发展历史，而演讲组选择的内容应侧重适合用图加解释的方式为同学讲解的克隆思想及探索实验，这样就使各小组对同一子课题有不同的侧重点。

2. 学习者分析

已形成小组的学生，既富责任感，也有竞争的意识。同时，组长的协调和领导能力也是需要锻炼的，在汇报进度和提交任务两个环节有待加强。在准备过程中，学生一方面具有很强的创造性，制作的展板和幻灯片都极具创意，这是值得鼓励和和赞扬的，另一方面学生有时会显现出惰性，认为自己已经做得足够好了，教师要及时激励，提出修改方案，引导其继续完善作品。

教学目标

1. 通过指导各小组活动，使各小组能够按时提交任务、保质保量。
2. 通过引导学生探讨选题中的细节问题，使学生对选题有更深入的了解。

教学重点和难点

重点：指导学生完成 4 块展板的制作和 4 组演讲。

难点：如何应对学生在活动中出现的提交不及时、问题探讨得不深入、小组内协作等问题。

教学流程示意

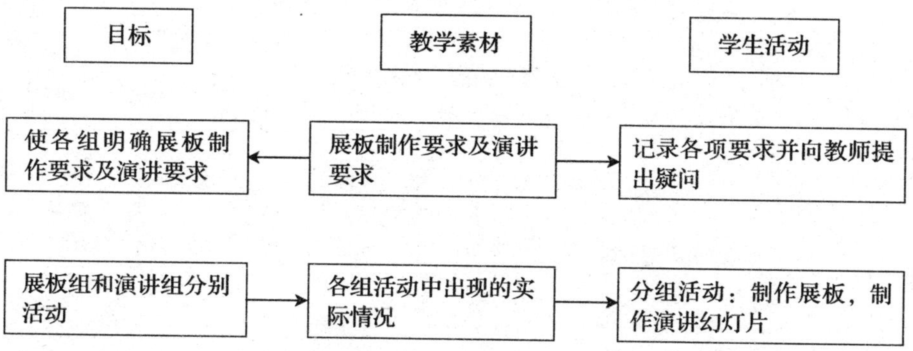

续表

教学过程			
教学环节	教师活动	学生活动	设计意图
明确任务，制订进度表	从这次课起，我们全班将为一个目标而努力，这就是全面细致地将克隆这一选题呈现在全年级同学的面前。我们要有信心，更要有传播科学的责任感，同时对科学的严谨态度是最重要的。 我们的任务之一是汇报展示，每个班有20分钟时间（16分钟演讲，4分钟观众提问），每组有4分钟的演讲时间。这学期没有参加校园科普的班级的同学以及老师作为观众、评委。另一个任务就是制作展板，展板大小为120厘米×90厘米，文字大约需1000字左右，占3/8，图表占3/8～4/8，其余为装饰。展板要有醒目的大标题。四块展板要风格一致，显现出整体效果。同样，未参加校园科普的其他班级对展板进行打分评比。 各组根据具体任务制订进度表，每次上课前一天组长负责提醒、督促各位组员将需要在课上与其他组员一起使用的资料准备好。每次课开始，由各位组长汇报进度及本次课的任务。各组在每次课结束时上交本次课的制作成果，以便教师监督进度和适当修改。	记录汇报展示中的具体要求，展板制作要求及演讲要求。 课前： 组长提醒组员准备课上要用的材料。 课上： 组长汇报本组的进度，布置本节课的任务，下课前提交制作成果。	再次明确任务，提醒各组制订进度表，按时完成任务。 锻炼组长的组织能力和各小组的团队合作能力。
辅导展板组	教师在每次课上都要将时间分配好，参与各组的讨论和制作，还可以传授PPT制作和使用技巧，还要在小组内树立组长的威信，以便其开展工作，协调组员间的工作，并且对各位组员进行过程性评价。 展板组的活动地点为本班教室，在制作展板前，查资料的学生可利用两次课时间到机房查资料，文稿撰写员也要在这期间完成文字稿。		

续表

辅导展板组	第一次课的时间是设计展板小样，可以借鉴之前的优秀科普报道稿。展板组的学生在最初设计展板样式时耗时最多，要鼓励他们群策群力，在他们意见不统一时要让组长发挥协调作用，以便使小组尽快开始工作，协调好各位成员的工作。设计小样要包括全班的整体风格，排版设计要体现科普展板的风格和特点，不要太艺术化，但可以是学生喜欢的题材和绘画方法。如以“多利”为例来介绍克隆这一选题时，学生多以羊作为展板中的主角，卡通形象画既美观又吸引人。 展板制作中需要的材料如纸，笔，打印的图片、图表，手绘图片等都需要在课下准备好并在第二次制作课前备齐。 针对克隆这一选题，学生用展板语言能够将克隆的发展历史、克隆羊“多利”的诞生过程、克隆的发展等讲清楚，教师鼓励学生更多地用图表去说明问题，避免大段生涩的科学技术名词出现。如克隆羊“多利”的诞生过程，如果用语言来描述将不利于观众理解，用图文并茂的形式来呈现既生动形象又便于理解。	在组长的带领下，按照分工，完成自己负责自己的那一部分的同时与其他组员配合完成展板的制作。 在课上未完成的情况下，课下及时完成，以保证小组的进度和全班的进度。	充分发挥学生的主观能动性。 学生的创意很新颖，而且更贴近同年龄段学生的心理，这样的校园科普更能产生良好的效果。
辅导演讲组	演讲组在明确演讲题目后，统一到机房查资料、写演讲稿、制作幻灯片。各小组分别阅读讲演文和条目（本组负责的部分），明确演讲内容，设计演讲的形式（一人或两人），确定标题，写出演讲稿（1000字左右，表达科学、准确，有吸引力），制作所需的图片、图表。 演讲组在演讲时可以通过幻灯片播放图片、图表和文字作为辅助，对问题进行更加深入细致的讲解。4个演讲小组可以互相衔接，逐步深入探讨问题。		

续表

辅导演讲组	针对“克隆初探”这一子课题，演讲组与展板组的侧重点不同，他们侧重克隆思想的提出以及克隆与有性生殖的不同。而“胚胎细胞克隆”子课题既可以展示胚胎细胞的真实图片，又可以将胚胎细胞克隆中使用的技术手段用动画显现出来。“体细胞克隆”这一组可以对胚胎细胞和体细胞作比较，在比较中可以使观众更清楚为何克隆羊“多利”作为第一只体细胞克隆的哺乳动物更有意义。 学生在演讲中不仅可以展示生动的图片，又可以与观众互动，提出问题引发观众的思考，所以在准备过程中要细致地推敲每一句话、每一个语气、动作手势。	各小组为演讲认真做准备。制订演讲的方案，选定主要的内容和层次，设计新颖的标题，查阅最新的资料和生动的图片，在基本成稿后，做适当修改。 演讲人在小组内试讲，课下自主练习。	在4分钟内将一个子课题讲解清楚是对学生资料综合能力、语言提炼能力的一个很好的锻炼。 小组内的紧密合作可以使学生认识到团队合作中每个人都是不可缺少的，只有大家齐心协力才能取得成绩。
板书设计			
进度表；监督进度；适当修改；合理分配时间；图文并茂；表达科学；动画显示。			
教学反思及改进措施			
在期末汇报展示的准备阶段，学生都以小组的形式进行活动，各组的组长组织能力有所不同，教师参与各组制作中的时间也要有所差别。对于小组长的培训是关键，每次课前的汇报以及每次课上的小组长会都是培养和锻炼其能力的好方法，经过两次培训后，组长已经能够向组员提出明确任务并及时提交成果了。 教师要及时鼓励学生，不能打击其积极性，当然，教师也要把握科学性。			
特别关注			
对教学条件的要求：网络阅览室、普通教室，有投影。 教学组织与实施中的难点：督促各组及时提交成果并作出反馈。 学习资源：制作的PPT。			

课时教学设计 9

教学的基本信息	
课题	从“多利”的诞生话克隆
单元（或主题）	第四单元，模拟汇报及校园科普汇报展示

教学内容分析及学习者分析

1. 教学内容分析

在每学期末举行校园科普汇报展示，展板组到同时上课的班级进行自制科普展板的讲解以及向全年级同学进行科普演讲。每学年末，举行人大附中“校园科普日”活动，全年级都已经完成校园科普，在学校中心花园进行展板展示和互动活动。

经过 4 周的准备，学生完成了选题 4 块科普展板和 4 个子课题的演讲，在最后年级汇报展示前，先在班级进行两次试讲，请全班同学献计献策提出修改意见并进行模拟答辩。评选出在本学期活动中表现突出的学生，包括“校园科普之星”“突出贡献奖”“优秀科普报道稿撰稿人”等奖项，年级评选出展板评比一、二、三等奖。最后一周参加年级汇报展示活动，向全年级同学和老师汇报科普选题，并接受提问和评价。现场评出“传播科学奖”。教师在最后一次课上总结本学期的收获和不足，提出期望。

2. 学习者分析

经过一学期的活动，学生对于克隆这一选题已经有了深入的了解，并能通过自制展板和演讲的形式向年级同学进行科普宣传，汇报展示前的班级模拟汇报既可以增加其自信心，又可以让学生学会尊重同学提出的意见，包括反面的意见，这对培养学生实事求是的科学态度有所帮助。

教学目标

1. 在模拟汇报中，激发全班的热情，使其对汇报人提出问题和评价，既模拟答辩过程又增加汇报人的自信心。

2. 使学生通过参与全年级的校园科普汇报活动，对不同选题都有所了解，增加对科学的兴趣和探索的欲望。

教学重点和难点

重点：激发全班的热情，使班级学生既做科普小专家，也能从其他班的选题中有所收获。

难点：激发学生全员参与的热情，使每个学生都积极参与。

续表

教学流程			
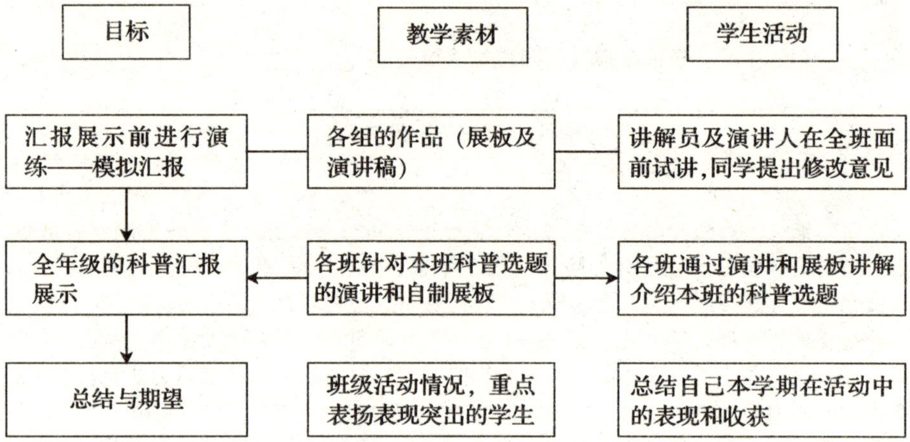 			
教学过程			
教学环节	教师活动	学生活动	设计意图
模拟汇报	利用两次课的时间让学生在班里试讲，且在学生试讲后，鼓励全班学生群策群力，在内容和形式以及站姿、语言、语音、语气上都要给予指导。 模拟汇报中： （1）关注学生的演讲语言，让学生避免使用过多的口语，提示学生课下可以收看新闻播报，学习新闻播报员的语调和语速，注意重音放在主语上，尾音的处理。（2）有的学生声音小，提示其回家后可以练习。（3）提醒学生要身体要挺拔直立，手在身体两侧自然下垂，与观众有眼神交流，必要时要加上肢体语言。	通过班内的试讲，演讲组和展板组答辩学生得到相应的锻炼。 全班同学都为演讲人和讲解人加油鼓劲，提出建设性意见。	在此过程中，班内的全体学生也可对课题有更深入的探讨。 指导学生如何提问和回答，这样的训练有利于学生把握细节，进行有效的提问和评价。

续表

评选奖项	在本学期的活动中，有些同学不仅积极参与班级的科普活动，而且能够提出自己的创意，有些同学还对选题进行了深入的探讨，让我们不断地从他那里学到新的知识，对这些同学我们要给予表彰，评选他们为我们班的“科普活动之星”。 我们的后半部分活动都是以小组为单位进行的，组员们互助才成就了我们今天的成果，哪些同学能够获得我们组内的“突出贡献奖”呢？他们一定是任劳任怨、积极肯干的同学。 科普报道稿展示中，前 4 名同学获得“优秀科普报道稿”撰稿人的称号。 请各小组课间评出并将名单交给课代表。请每位同学投出自己神圣的一票，这是对获奖同学的鼓励，也是对自己的激励。	以小组为单位，填写选票，小组长唱票并将名单上报给课代表。 “科普活动之星”每班 2 人，“突出贡献奖”展板组每组 2 人，演讲组每组 1 人（不包括演讲人）。	评奖的过程既是对同伴的鼓励，也是一次激励自己的机会。 在学生评选中可以更加留意同伴身上的优点，并且以其为榜样激励自己。
校园科普活动汇报展示	展板展示： 在年级活动前一周的课上，展板组到同时上课的班级去进行展板展示。教师提醒学生既要讲解清楚全部内容，也要视观众的关注程度详细讲解某一部分内容，回答问题时谦虚谨慎，实事求是，站姿得体大方，语音语调合适。同时，在对口班到本班讲解时教师也要组织好学生，让学生既要表现出欢迎的态度，也要积极互动学习，对其感兴趣的话题可以深入探讨，这样才能真正有收获。 演讲： 演讲组的学生身着正装出席汇报展示活动。 按照 4 个子课题的顺序分别到台前为全年级老师和同学做汇报。 对参加汇报展示的同学评奖，之前培训过的学生评委对演讲人打分，评选出“传播科学奖”一、二、三等奖。并在汇报结束时颁奖，包括之前评出的奖项。	展板组和演讲组中每组分别有一或二名讲解员对本组自制展板和幻灯片进行讲解。 每组 4 分钟的讲解时间，然后接受观众的提问。如有专家参加，则回答专家提出的问题。	由参与活动的各班学生为年级同学进行科普汇报，使全年级得到科学普及。一个班一个选题，而同时上课的有 8 个班级，在一个会场汇报的有 4 个班级，这样既普及了科学知识，也营造了科普气氛。

续表

人大附中“校园科普日”活动	每学年举办一次“校园科普日”活动。学校内各教学楼前张贴活动海报（学生设计），中心花园悬挂宣传条幅，向各班发放10张邀请卡（设计大赛优胜作品）。利用午休时间，将全年级展板集中展示在中心花园，各班学生在本班展板前为前来参观的全校师生进行讲解，每个选题准备10个互动问题（均可从阅读展板内容或听讲解后得到答案），与观众积极互动。回答出问题的学生持活动前发放的邀请卡到领奖处领奖，每回答出一个问题获得一个印章，印章数决定奖项，奖品为学习用品，如笑脸橡皮、铅笔等。	将克隆选题的四块展板按顺序摆放好，在展板前为观众讲解选题内容，与观众互动。	全年级16个班级的科普展板展出时，可以使学校内形成科普气氛，使教师和其他年级的学生都前来观看，真正的起到校园科普的作用。
总结	通过一学期的努力，同学们不仅了解了如何做科普，并且实实在在地做了一次科普宣传，在这个过程中我们不仅对克隆这一个选题有了认识，更对其他班级做的选题有了一定的了解，这就是我们开展校园科普的初衷。 获奖的同学是我们大家选出来的表现突出的同学，他们无论是在提出新颖的创意上还是团队合作中都起到了榜样的作用。让我们再次为他们鼓掌！ 希望同学们在以后的学习和生活中，更加关注科学，热爱科学，并且能够做科学的传播者。	回顾一学期的活动历程，为自己完成了一次科普宣传而自豪。 祝贺获奖同学并肯定其优点和榜样作用。	总结是回顾，也是展望。
板书设计			
模拟汇报；眼神交流；任劳任怨；积极肯干；互动学习。			

续表

教学反思及改进措施
在模拟汇报中，演讲人和讲解员都经过了精心的准备，在班级内的演讲和讲解如果取得好的效果可以为他们增加很多自信心。而观众同学的有针对性的提问可以促使演讲人对问题有更加深入的探讨，因为他们提出的建议是实事求是的，并且很有帮助，所以在这一过程中，教师可以在最后提问和评价，让学生充分利用此机会练习提问和评价。 教师在年级汇报展示和“校园科普日”中起到的应是组织的作用，为学生搭建一个平台，营造在科学领域自由探讨和学习的氛围。只要这种氛围持续保持，学生们就会自觉地关注科学、热爱科学、传播科学。
特别关注
对教学条件的要求：网络阅览室、普通教室，有投影。 教学组织与实施中的难点：在校园科普汇报展示前的辅导要有针对性。 学习资源：制作的 PPT。

附：主题教学资源

作为生物学的前沿领域，克隆总是蒙着神秘的面纱，而神秘其实是由于人们对其陌生和不了解所致。“多利”的诞生过程在初一生物学教科书中出现过，教科书旨在介绍细胞核是遗传信息库，对克隆过程也有一定的介绍，而对克隆的历史、克隆的方法和其中要解决的问题及为什么要进行动物克隆都未涉及。所以，提到克隆，学生们都能说上几句，而对其蕴含的更深的科学意义却不能说出。因此，我决定选“克隆”作为我撰写的第一篇选题，来和学生一起走进“克隆”的世界。

《从“多利”的诞生话克隆》讲演文

因为有在天空中翱翔的梦想才成功发明飞机，因为有探索宇宙的梦想才有了宇宙飞船。这样看来，梦想是不可缺少的，它总是给人们以研究的动力。地球上已经绝迹的动物（例如猛犸象）植物又一次出现或者医生可以通过更换一个新的和原来一模一样的健康器官来治愈生病的人们是人们的梦想。但是古希腊有位哲学家曾经说过：“世上不可能有两片相同的叶子。”换句话说，以上的梦想都只能是空想，没有实现的可能。但是现在情况却有了变化，科学家一直在努力着，他们正在使理想逐渐变成现实，没准儿真的会“昨日重现”。让全世界都为之震撼的是一只名叫“多利”的小羊的诞生，它的诞生为什么能引起全世界的瞩目呢？因为它和其他动物不同，“多利”是世界上第一例经体细胞核移植出生的动物，是克隆技术领域研究的巨大突破，被称为世纪末的奇迹。

那么，同学们在生物学中学习了动物体的结构层次，知道细胞分化成组织，组织进一步形成器官，器官又构成系统和动物体，也通过分析小羊“多利”的身世继而理解了生物的遗传物质存在于细胞核内，而不同的生物的繁殖方式大体可分为有性繁殖和无性繁殖。大家通过人的例子，了解了动物的有性繁殖过程，也大概理解了无性繁殖中克隆的意思，请同学们利用已有的基础知识思考：科学家们是如何从动物的自然繁殖机理（也就是亲代通过有性繁殖产生子代的机理）出发，来设计并完成克隆实验的呢？又是如何从使用动物的胚胎细胞进行克隆发展到利用“高度分化”的体细胞来完成克隆的呢？体细胞克隆成功后，又给人类社会带来怎样的惊喜，而惊喜之后是不是还有一些不足之处有待改进呢？

我们将通过这一学期的校园科普成为了解“多利”身世的人，成为克隆问题方面的小专家。

一、克隆初探

生物有两种生殖方式，即有性生殖和无性生殖。有性生殖，通常是指由两性生殖细胞结合形成受精卵，再由受精卵发育成一个新的个体。无性生殖指不经过雌雄两性生殖细胞的结合，只由一个生物体产生后代的生殖方式。大多数动物繁衍的方式是有性生殖。

你不觉得一个细胞变成一个可以自由思考、运动的人很神奇吗？这个细胞的遗传物质一半来自于母亲，一半来自于父亲，所以它的遗传性状是由母本和父本共同决定的。人的容貌之所以有些像父亲，有些像母亲，就是因为他得到了父母双方的遗传物质。那么，一个受精卵是经过怎样的过程发育成一个具有60万亿细胞的个体呢？

受精卵通过细胞分裂产生新细胞。这些细胞起初在形态、结构方面都很相似，并且都具有分裂能力。后来，除了一小部分细胞仍保持着分裂能力以外，大部分细胞失去了分裂能力。在发育过程中，这些细胞各自具有不同的功能，它们在形态、结构上也逐渐发生了变化，这个过程叫做细胞分化。正因为受精卵能够分化出各种细胞、组织，进而形成一个完整的个体，所以把受精卵的分化潜能称为全能性。对于植物来说，分化成熟的植物细胞体仍保持全能性，仍有可能发育成完整植株。对于动物来说，随着分化的演进，细胞逐渐丧失其分化潜能，过程为全能性→多能性→单能性→分化成熟的体细胞。单单人的大脑就有100多亿个神经细胞，这么多的细胞不但数量惊人，而且细胞结构已和最初的受精卵完全不同了。

那么一个人的受精卵细胞可以发育成一个人，而不是其他动物，“指挥部”在哪呢？20世纪中叶，随着细胞学、胚胎学、发育学的研究不断深入，科学家们已清楚地知道，受精卵细胞核中的染色体携带着父母双方的遗传信息，也正是这套遗传指令才指导了父母和子代间的性状遗传，这个“指挥部”有一套程序指导细胞的分裂和分化并使细胞最终形成一个会思考、会活动的个体人。奇思妙想产生了：如果给受精卵换一个细胞核，也就是把染色体更换掉，会不会使子代的性状发生改变呢？比如，中国人欣赏西施的美，可不可以让我们奥运会的颁奖司仪都和西施一样美呢，当然了，这只是一个幻想，我们不会这样做的。

采用细胞核移植技术克隆动物的设想最初由汉斯·施佩曼在1938年提出，他称之为“奇异的实验”，即从发育到后期的胚胎（成熟或未成熟的胚胎均可）中取出细胞核，将其移植到一个卵子中。这一设想是现在克隆动物的基本思路。

之后的若干年，科学家们都进行了各种实验而且取得了成功，我国的童第周先生以金鱼等为材料研究了鱼类胚胎细胞核移植技术，获得成功。而这些实验都没有轰动世界，因为用的都是胚胎细胞进行克隆，如果想利用克隆来改良现有的物种品质，目的已经达到了，但是如果想实现猛犸再现或西施再现就有困难了，因为只有活体才可以获得胚胎细胞。

那么，如果可以不从胚胎细胞里取出细胞核，而是从任意一个体细胞中取出细胞核就能完成克隆，这就揭开了科学上的一个谜——体细胞也具有全能性。而“多利”的诞生轰动了世界，因为“多利”是第一次用体细胞克隆成功的哺乳动物，克隆出的不是大量的体细胞，而是一只可爱的小羊，这就说明了羊的体细胞的全能性还存在。虽然大家都知道“多利”的寿命不长，可能存在技术上的缺点，但是科学就是这样，不会一次成功，必须要经过无数次改进，发现缺点再去改进就会不断进步。那么，这样的话，孙悟空“猴毛变猴”的神话会实现，濒危物种甚至是已经灭绝的物种（有活细胞）都可以克隆了（这部分内容我们将在第四部分做详解）。当人们已经可以驾驭同种体细胞的克隆技术后，又挑战异种体细胞克隆，因为一旦成功意义就会更大。

二、胚胎细胞克隆

科学家们带着梦想开始进一步的研究，根据最初的想法，首先需要做的就是证明其可能性。

胚胎细胞是受精卵发育经过卵裂变成 2 个细胞，4 个细胞，8 个细胞，16 个细胞，32 个细胞……一直发育到囊胚时期，囊胚里面有内细胞团细胞，各期卵裂球都叫做胚胎细胞。胚胎细胞的特点是全能性，是没有分化的细胞。胚胎的发育过程是受精卵经过卵裂→桑葚期→囊胚→原肠胚，此时，这些细胞就开始分化，分化以后这些细胞就已被决定它的增殖方向。分化成熟的动物细胞已失去全能性，不可能发育成为完整的动物个体。科学家在探索动物细胞全能性丧失原因的实验中发现，囊胚阶段的细胞乃至成熟的体细胞，其细胞核仍具有全能性——可能发育成完整个体。胚胎细胞细胞核保持着全套基因组。这就证明了最初的设想。

下面我们通过两个图来对比理解克隆，图 1 为亲代通过形成正常的受精卵发育成子代个体，而图 2 是更换受精卵中的细胞核以验证最初的设想（哺乳动物胚胎细胞核移植研究的成果最初在 1981 年取得——卡尔·伊尔门泽和彼得·霍佩用鼠胚胎细胞培育出发育正常的小鼠）。

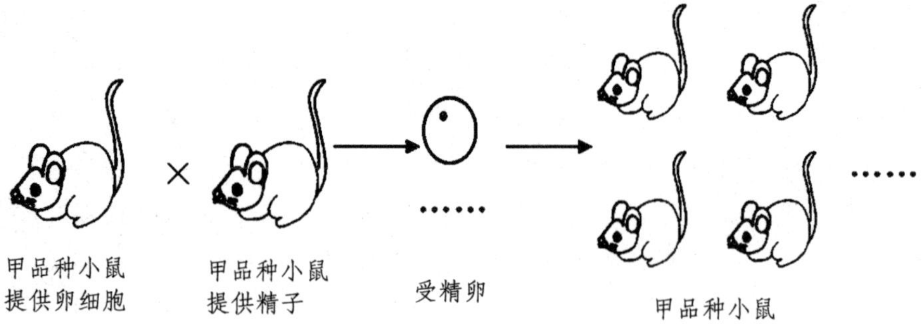

图 1　甲品种小鼠亲、子代间的性状遗传

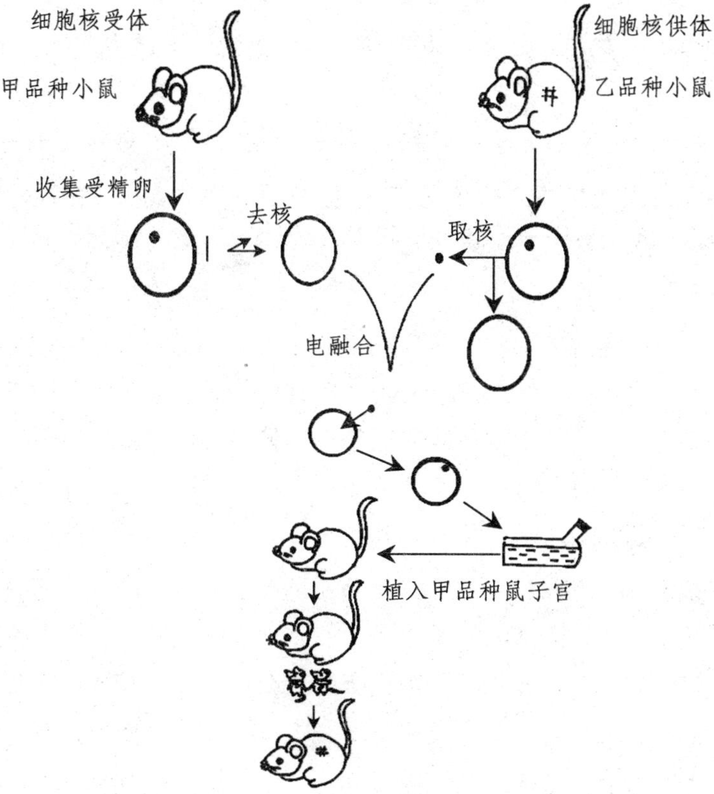

图 2　克隆小鼠的实验过程

由上图 1 可以看出子代的遗传性状完全取决于受精卵中双亲结合的遗传物质，子代小鼠与亲代小鼠性状保持一致。而图 2 的克隆小鼠实验中甲品种小鼠的受精卵已被去掉遗传物质，在注入乙种小鼠的胚胎细胞核后，产生的子代小鼠呈现乙种小鼠的性状（未表现出甲种小鼠性状），这说明子代遗传性状完全取决于核遗传物质，而这一实验的依据也正是胚胎细胞的细胞核具有全能性，也就是保持着全套的基因组，可将遗传物质传给子代，这就是胚胎细胞克隆。科学家把人工操作动物繁殖的过程叫克隆，这门生物技术叫克隆技术。克隆技术不需要雌雄交配，不需要精子和卵子的结合，只需从动物身上提取一个单细胞，用人工的方法将其培养成胚胎，再将胚胎植入雌性动物体内，就可孕育出新的个体。这种以单细胞培养出来的克隆动物，具有与单细胞供体完全相同的特征，是单细胞供体的“复制品”（如图 2 中克隆出的子代小鼠是细胞核供体乙种小鼠的“复制品”)。

20世纪七八十年代甚至更早的五六十年代进行的克隆都是胚胎细胞克隆，也就是全能性的、没有分化的细胞克隆。世界各国在胚胎细胞克隆方面做了大量的工作，一时间，世界范围内刮起了强劲的“克隆”旋风，可谓是“克隆也疯狂”。20世纪90年代是我国胚胎细胞克隆的鼎盛时期，胚胎克隆的小鼠、山羊、牛、猪等都相继出世，但是当时并没有引起大家足够的重视，这个阶段是胚胎细胞克隆阶段。

三、体细胞克隆

现在大家都清楚胚胎细胞是没有分化的细胞，而体细胞是已高度分化的细胞。动物的发育过程是一个细胞分化的过程，即具有全能性的细胞分化成各种特化细胞的过程。任何已经特化了的细胞，如神经细胞、肌肉细胞等，都会失去全能性，比如乳腺细胞如果增殖也只能变成下一代的乳腺细胞而不会变成神经细胞或其他细胞，因此个体发育过程是不可逆的。所以过去人们认为体细胞克隆是相当难的，因为体细胞不是全能性细胞，已经是决定性的细胞。人们设想，如果想办法使某些已分化了的细胞回到原始状态，并重新开始分化，就会发育成一个新的个体。那么，怎么才能使已分化的细胞去分化，并重新开始发育呢？尽管我们已能对动物细胞进行培养，但无法使培养中的细胞重新发育。培养肌肉细胞只能得到肌肉细胞的克隆（无性繁殖系），培养肝细胞只能得到肝细胞的克隆，绝不会在细胞培养中得到一个发育完全的个体。生物学家们在长期研究中逐渐体会到，发育过程是基因群相继活化、有序地进行表达的过程，这是一个高度程序化的过程，既与遗传物质有关，又与其周围的细胞质环境有关。要想使已特化的细胞重新发育，除了要使它去分化回到原始状态以外，还要使它经受基因表达的再程序化（reprogramming of gene express），即再次从受精卵的状态开始发育，而似乎只有卵细胞的细胞质环境才具有使基因表达再程序化的功能。于是，将已特化细胞的细胞核移植入去核后的卵细胞中，使之在卵细胞的细胞质环境中再程序化的想法应运而生。这一实验如果成功，将是科学的重大突破，并开辟巨大的应用前景，既能使同一遗传性状供体核的数量可无限获得，又可通过对供体细胞的遗传改造进行新性状和优良性状的筛选。

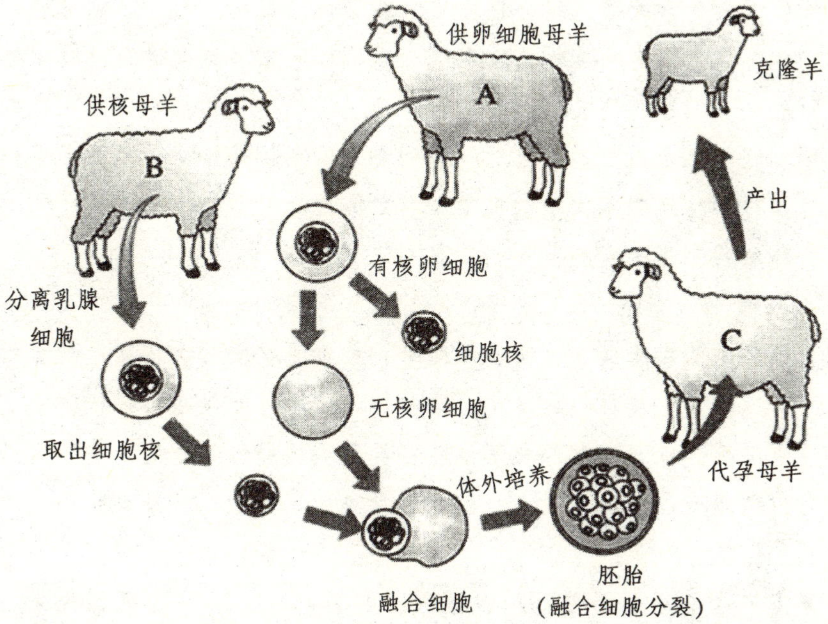

现在的体细胞克隆打破了生物学理论上的常规，实现了这一想法，因此体细胞克隆轰动了全世界。英国的维尔穆特小组控制了“多利”的胚胎发育和诞生的全过程，他们利用药物促使母羊A排出卵子，然后将这个未受精的卵子取出放到一个极细的试管底部，再用另外一种更细的管将母羊的卵膜刺破，从中吸出所有的染色体（遗传物质大部分在染色体中），这样就制成了具有活性但无遗传物质的卵空壳。接着，他们从“多利”的母亲B羊——一只6岁的母羊的乳腺中取出一个普通的组织细胞，取出其细胞核，使乳腺细胞的细胞核与没有遗传物质的卵细胞融合，通过电流刺激作用使两者结合成一个换了遗传物质的新的卵细胞，这个卵细胞相当于两性生殖中的受精卵。这一卵细胞在试管中开始分裂、繁殖、形成胚胎，当胚胎长到一定程度时，研究人员再将其植入母羊C的子宫中，使母羊C怀孕并产下小羊“多利”。

在英国罗斯林研究所维尔穆特博士科研组公布体细胞克隆羊“多利”培育成功之前，胚胎细胞核移植技术已经有了很大的发展。实际上，“多利”的克隆在核移植技术上沿袭了胚胎细胞核移植的全部过程，但这并不影响“多利”出生的重大意义，因为它是世界上第一例经体细胞核移植出生的动物，是克隆技术领域研究的巨大突破。这一巨大进展在理论上证明了分化了的动物细胞核同植物细胞一样也具有全能性；在实践上证明了利用体细胞进行动物克隆的技术是可行的。有无数相同的细胞可用来作为供体进行核移植，并且在这些供体细胞与卵细胞相融合前可对其进行一系列复杂的遗传操作，从而为大规模复制动物优良品种和生产转基因动物提供了有效方法。

四、体细胞克隆的发展前景

1. 异种体细胞克隆

同种体细胞的克隆成功证明了高度分化的细胞在同种去核卵母细胞的细胞质作用下可以恢复全能性，这说明，同种卵母细胞可能具备去分化的因子，异种体细胞克隆则是探讨高度分化的细胞在异种去核卵母细胞的细胞质的作用下是否也可以恢复全能性，同时也可以探讨异种卵母细胞是否具有使不同种的细胞去分化的因子。

科学家们在不同种间进行细胞核移植实验，取得了一些可喜成果。1998年1月，美国威斯康星麦迪逊大学的科学家以牛的卵子为受体，成功克隆出猪、牛、羊、鼠和猕猴五种哺乳动物的胚胎，这一研究结果表明，某个物种的未受精卵可以同取自多种动物的成熟细胞核相结合。虽然这些胚胎都流产了，但它们是对异种克隆的可能性的有益尝试。1999年，美国科学家用牛卵子克隆出珍稀动物盘羊的胚胎。我国科学家也用兔卵子克隆了大熊猫的早期胚胎。这些成果说明克隆技术有可能成为保护和拯救濒危动物的一条新途径。

2. 应用价值

克隆技术被誉为“一座挖掘不尽的金矿”，它在生产实践上具有重要的意义，潜在的经济价值十分巨大。克隆技术在拯救濒危珍稀物种、保护生物多样性方面可发挥重要作用，即使在自然交配成功率很低的情况下，科研人员也可以从濒危珍稀动物个体身上选择适当的体细胞进行无性繁殖，达到有效保护这些物种的目的。

1997年3月，中国科学院动物研究所研究员陈大元先生率先提出了克隆大熊猫的设想。1999年，研究小组将大熊猫的体细胞植入去核后的兔卵细胞中，成功地培育出了大熊猫的早期胚胎，解决了克隆大熊猫进程中的一个关键问题。把这种先进的生物工程技术引入拯救和保护大熊猫的实践中是十分有意义的。尽管大熊猫人工繁殖技术一次又一次地获得改进和提高，也有新的突破，但我们清醒地认识到，用有性繁殖的方法增加的数量仍然有限，何况从目前的情况来看，死亡多于新生的，因此无法从根本上解决大熊猫濒临灭绝的严峻问题。为了弥补现存大熊猫繁衍方法的不足，引进克隆技术不失为一种好方法。因此，克隆技术可能成为濒危物种延续种族的唯一希望。也许有一天，我们能看到更多的我们非常喜爱的大熊猫呢，你甚至可以想象你的宠物就是一只大熊猫。

克隆技术除了对保护物种特别是珍稀、濒危物种来讲是一个福音，在其他方面也具有广阔的应用前景。在农业方面，人们利用克隆技术培育出大量具有抗旱、抗倒伏、抗病虫害的优质高产品种，大大提高了粮食产量。克隆肉质优良、奶水多的牲畜的新兴技术引起全球科学家的广泛兴趣。另外，可利用转基因动物的体细胞大量复制出具有相同优良性状的个体。在医学方面，“治疗克隆”可以提供无免疫排斥的移植，通过克隆技术可以生产出治疗糖尿病的胰岛素、使侏儒症患者重新长高的生长激素和能抗多种病毒的干扰素等。

3. 克隆技术应用中不得不考虑的问题

尽管克隆技术有着广阔的应用前景，但离产业化尚有很大的距离。因为作为一个新兴的研究领域，克隆技术在理论和技术上都还很不成熟。

首先，克隆技术中的成活率低以及克隆的个体体质差、寿命短和繁殖能力等问题都有待研究和改善。在理论上，分化的体细胞克隆对遗传物质重编的机理还不清楚；克隆动物是否会记住供体细胞的年龄，克隆动物的连续后代是否会累积突变基因以及在克隆过程中胞质线粒体所起的遗传作用等问题还没有解决。

其次，有性生殖是物种进化的重要途径，是生物进化的发展规律，动物，包括人类，在漫长的演化过程中能够适应复杂多变的环境，是自然选择和两性生殖长期进化的结果，而克隆既背离了遗传因子分离定律，也谈不上基因自由组合产生的多样性，因此不存在任何进化意义。所以此项技术的不正当使用会给人类带来危害，如“克隆”人的实验是被禁止的。

结语：

2000年以后，随着克隆技术的成熟，世界各地的科学家开始探索克隆产业化，中国的科研工作者也加入这个研究队伍的行列。在克隆动物产品产业化领域，中国科学家的表现也值得期待。山东省干细胞工程技术研究中心在2009年2月2日宣布，由这个中心李建远教授率领的科研团队攻克了人类胚胎克隆技术，成功克隆出5枚符合国际公认技术鉴定指标的人类囊胚。李教授介绍说，他们掌握的这一先进技术不是为了制造“克隆人”，而是进行人类治疗性克隆研究，造福人类。

第五节　其他典型课例

一、“濒危动物保护”主题教学资源的讲演文

据《云南日报》报道，2002年9月16日晚，一群野生亚洲象出现在西双版纳勐满镇村民的玉米地里，把一片十多亩地的玉米糟蹋得一株不留。次日上午，野象群再次出现，为了不使村里的庄稼进一步遭受损失，全村精壮劳力奋力驱赶，将其撵到山梁另一边。村民在回村路上遇到一头独象突然向他们发起进攻。这头象用鼻子卷起36岁的岩香甩了出去，并踏了岩香几脚，导致岩香死亡。遇到这样的事情，我们应该怎么办呢？如果是一万年以前，人类在强大的野兽面前只能远远逃走；若在一千年以前，我们会像“武松打虎”那样为民除害；但是今天，同学们也许没有料到，为了人类的可持续发展，像亚洲象这样的濒危物种，则必须依据《野生动物保护法》来加以保护。

（一）野生动物濒危的现状

在地球的历史上，生命从发生的早期到现在，形态越来越复杂，种类也越来越多；在生命演化的历史上，生物的多样性是一个变化的过程。科学家在古化石研究中发现，地球在过去曾经历过“五大绝种潮”，其中一次发生在6500万年前，庞大的恐龙就是其中的受害者。最大规模的一次绝种潮发生在大约2亿5000万年前，有77%～96%的物种被淘汰。

近150年以来，由于人类活动的加剧，物种的灭绝速度大大加快，很多动物处于灭绝的边缘，成为“濒危动物”。濒危动物是指所有由于物种自身的原因或受到人类活动及自然灾害的影响而有灭绝危险的野生动物物种。

1998年，国家环境保护局和中国濒危物种科学委员会出版了《中国濒危动物红皮书》，这套书共4册，包括鱼类、两栖爬行类、鸟类和哺乳类，共收录各种濒危动物535种。

这些濒危动物主要分布在横断山区、海南岛、西双版纳、云贵高原等地区；次一级的分布点是东北山区、长江流域、东南沿海和青藏高原；而东北平原、华北平原、内蒙古高原和黄土高原等地则为濒危物种的空白区域。

（二）导致野生动物濒危的原因

在自然情况下，物种在演化的过程中会发生灭绝，以下主要探讨导致野生动物濒危的人为原因。

世界保护监测中心（WCMC）1992年曾经发布了一项研究报告，报告指出，造成动物灭绝的因素主要是动物生境的丧失。生境是指特定生物体或群体的栖息地的生活环境，包括所有生态因子，如光照、温度、水分、氧气、食物和其他生物等。每一种生物都有适宜的生境，生境遭到破坏或者丧失以后，生物就可能面临灭绝的危险。

而人类为发展经济砍伐森林、围湖围海造田、过度放牧等，直接造成了野生动物栖息地的丧失，间接导致了野生动物的濒危。森林的砍伐和紧随其后的开荒种地以及草原的过度放牧，既占据了野生动物固有的家园，又将野生动物人为地分割成许多孤岛状的小种群，使得它们的生存繁衍遭到极大的影响。围湖造田和占用滩涂是导致水禽、两栖和爬行动物以及鱼类濒危的主要原因。湿地、湖泊以及沿海滩涂被大量开发成工农业用地后，使依赖于此的动物丧失了栖息地、繁殖地而濒于灭绝。如扬子鳄在地球上已经生活了上亿年，由于栖息地的丧失，其野生种群面临着灭绝的危险。

此外，乱捕滥猎是造成许多物种濒危的直接原因。以藏羚羊为例，在一个世纪以前，青藏高原有着几百万只藏羚羊，但是由于藏羚羊的底绒制成的披肩（被称为“沙图什”）在西方时尚界备受青睐，虽然这种贸易在1975年被禁止，但由于需求仍然存在，导致 20 世纪 80 年代末 90 年代初盗猎活动大幅度增加，每年估计有 2 万只藏羚羊因为制作“沙图什”的原因被猎杀。

环境污染也给野生动物的生存带来了极大的影响。20 世纪以来，由于农药、鼠药、化肥、煤炭、石油的广泛使用，产生了大量工业“三废”和有毒物质，严重污染了大气、土壤和水体，野生动物的健康受到损害，繁殖力日渐低下，许多江河湖泊已不再适于水生野生动物的生存繁衍。

除了人为因素以外，自然灾害也是导致物种濒危的原因之一。比如，1998 年长江流域发生罕见的洪灾，使许多栖息于平原地区或丘陵地区的野生动物遭受了灭顶之灾；2008 年 5 月 12 日的汶川大地震使大面积的熊猫栖息地遭到了破坏，对熊猫的生存造成威胁。

（三）保护濒危动物的意义

为了更好地理解保护濒危动物的意义，我们首先有必要了解“生物多样性”。生物多样性包括物种多样性、遗传多样性、生态系统多样性。生物多样性反映了地球上包括植物、动物、微生物等在内的一切生命都有各不相同的特征及生存环境，它们相互间存在着错综复杂的关系，互相依赖又互相制约，使自然生态和食物链保持动态平衡和稳定，各种生物得以在不断变化的环境中生存和发展。一旦食物链的某一环节出现问题，整个生态系统的平衡就会受到严重影响。

一位生态学家打了个比方：消灭一些物种，就好比拔掉飞机上的一些铆钉，看起来问题似乎不大，但从某种意义上来说，这架飞机已经不再安全了。因此，保护一个物种，就意味着保护一个生态系统。反之，破坏一个物种，就意味着破坏了一个生态系统。而地球本身就是一个有机联系的统一体，这种保护和破坏必然会影响到地球的稳定和人类的未来。

保护濒危动物可保证科学研究和教育活动的正常开展。很多野生动物是科学研究的对象，在动物学、进化学、生态学、遗传学、现代医学、仿生学等学科领域里发挥着重要作用。

（四）如何保护濒危动物

保护物种主要有就地保护和迁地保护两种途径。就地保护是在野生动植物的原产地对物种实施有效保护，是保护物种的最佳途径，因为只有在野外，物种才能在自然群落中继续适应变化的环境而进化。

就地保护主要是建立自然保护区，建立自然保护区不仅可以保护濒危动物及其栖息地，而且还可以使其他种类的野生动植物得到很好的保护。

迁地保护的一条途径是驯养繁殖。发展人工繁殖种群，既可防止或延缓有关物种的灭绝，又可满足人民的生产生活需要，减少对野生种群的猎捕压力，还可为实施再引进工程提供种源，重建或壮大有关物种的野生种群。

迁地保护的另一条途径是再引入工程。再引入，就是在某个物种曾经分布但现已灭绝的地区，再引入该物种的活体用于建立新的种群。

此外，从国家的层面上加大执法力度，打击非法的野生动物贸易也是保护濒危动物的重要措施。

保护濒危动物，我们能做些什么呢？首要应该认识保护濒危动物的重要性，自觉保护濒危动物及其栖息环境，主动向亲友宣传野生动物保护管理的法律法规；其次要拒绝食用野外来源的濒危动物或其产品；最后要坚决揭发破坏濒危动物资源的不法行为，积极为濒危动物的保护部门或单位献计献策或捐资捐款，支持濒危动物的保护管理工作。

（执笔人：齐文静）

二、“太阳风暴”主题教学资源的讲演文

2010 年 8 月初，人们在丹麦有幸看到了绚丽多彩的北极光。原本大多在极地地区出现的极光这次展现在中纬度的夜空，原因就是太阳表面发生了剧烈的太阳风暴，携带大量带电粒子的太阳风在 8 月 4 日抵达地球，在两极地区产生强烈的极光现象。由于此次太阳风暴强度较大，在中纬度的某些地区出现了罕见的极光现象，但没有给人们的生产和生活造成影响。

在地球以外的所有天体中，与人类关系最密切的就是太阳。正是太阳的光和热维持着人类生存和地球上一切生命活动所必需的适当环境。地球的主要能源，如石油、煤炭、风力、水力等，归根到底都来自太阳能。昼夜交替、四季变化、风云雨雪、植物生长等自然现象，无一不是太阳作用的结果。

由于太阳与我们的生活和生产活动有如此密切的关系，人们自然会产生了解太阳的强烈愿望。大家对有关太阳的基本知识又知道多少呢？

（一）了解太阳

太阳有多大？

——太阳的半径 $R=6.96\times10^5$ 千米，或者可以简单地说半径大约是 70 万千米；它的质量 $M=1.98\times10^{30}$ 千克；因此可以算出它的平均密度约为 1.41 克/厘米^3。

太阳离我们有多远？

——地球绕太阳的公转轨道是椭圆形的，日地距离是变化的。日地平均距离 $A=1.496\times10^8$ 千米，这个距离在天文学上被称为 1 个天文单位。

太阳的温度有多高？

——我们无法实际测量太阳的温度，只好通过太阳光谱研究推算太阳的表面温度约为 5770 开，而结合理论推算，太阳中心温度高达 15×10^6 开。在这样的高温条件下，所有的太阳物质都气化了。因此，太阳实质上是一个炙热的高温气体球。

光芒四射的太阳每秒钟放射出多少能量呢？

——这个问题是可以通过测量来回答的。例如，在地球大气外的宇宙飞船上，可以测量垂直于太阳光束的 1 平方厘米面积上每分钟接收到的太阳总辐射量。当宇宙飞船与太阳的距离为日地平均距离 $A=1.496\times10^8$ 千米时，这个辐射能量为 1.367×10^3 瓦/米^2。分，称为太阳常数。这个数字乘以以 A 为半径的球面积，就得到太阳的辐射总功率为 3.845×10^{26} 瓦。如何来想象这个能量有多大呢？据估计它可以使地球表面厚度为 1000 千米的冰层在 1 小时内全部融化，但实际上我们的地球仅仅截取了太阳向四面八方倾泻的能量洪流的 22 亿分之一，因此不会有灾难性的后果。

太阳是由什么物质组成的？

——组成太阳的基本物质是氢和氦。按质量计，氢占 71%，氦占 27%，其他元素合计仅占 2%，主要为碳、氮、氧和各种金属。

太阳的基本构造是什么样子的呢？

——经过各种观测和研究已经确定，整个太阳大致上可以分为几个物理性质很不相同的层次。

太阳最里面的三个层次合称为太阳内部，或称太阳本体。由内向外分别是日核、中间层和对流层。这三个层的辐射不能到达地面，因此，即使利用仪器也是看不到它们的。关于它们的状态，是从理论上推测出来的。不过，这种推测是以它们的上层（光球）的观测结果作为基础的，因而是可信的。太阳本体以外的部分称为太阳大气。由内而外分别是光球、色球和日冕。它们的辐射能够到达地面，可以用肉眼或者特殊的仪器观测到，并且可以通过观测直接研究它们的性质。尽管太阳大气延伸得非常遥远，但它们的密度很低，光球的稀薄程度相当于地球最高层的大气，色球层和日冕层同真空差不多，与太阳本体相比，是可以忽略的。

太阳是如何形成的？它已经存在多长时间了？它还将有多长的寿命？

——相对于人类短暂的生命、短暂的人类文明史而言，太阳的寿命是非常漫长的，我们怎么才能了解太阳的寿命呢？天文学家利用测量、计算和推断回答了这样的问题。太阳是由密度稀薄而体积巨大的原始星云演变而成的。根据现在太阳中的氢和氦元素的质量以及太阳内部的热核反应速度，我们已经确定太阳已经有 50 亿年的年龄，它还能继续照耀我们 50 亿年以上。

肉眼看到的太阳似乎是完美无缺和洁净无瑕的，但实际的情况并非如此。借助各种专门的太阳望远镜进行观察，可以发现在太阳表面常常会出现一些特殊现象，或者说“事件”，这些就是太阳活动。

常见的太阳活动现象有哪些呢？

（二）太阳活动现象

最著名的太阳活动现象就是太阳黑子。黑子是光球表面因相对温度较低而显得“黑”的局部区域（黑子的温度约 4000 摄氏度，而无黑子的光球区域温度为 5770 开），黑子往往成群出现，大小差别很大，大的黑子比地球的直径还要大。黑子是变化的，有时出现，有时消失，平均寿命约几个月。光球层中除了存在太阳黑子之外，黑子周围的太阳边缘附近还有一些比背景稍亮的云朵状的区域，称为光斑。这是另一种太阳活动现象。光斑的温度比背景温度约高

300～400摄氏度，因此显得较亮。

太阳色球层也是不均匀的。其中一些比较明亮的区域称为谱斑。有时能观测到色球层上某个区域的谱斑亮度和面积突然增大，然后缓慢恢复到原来的谱斑亮度，整个过程一般持续十几分钟，这就是太阳耀斑，即太阳爆发。耀斑是剧烈的太阳活动现象，它的实质是太阳大气中发生的能量突然释放现象。一个中等大小的耀斑相当于1亿颗氢弹爆炸的能量。日珥也是色球层的太阳活动现象，它是从色球层喷射出来的暗红色的火焰，大小不一、形态各异。

从空间飞行器上用太阳X光望远镜拍摄的太阳照片上，还可以看到在黑子上空的日冕中常会出现一些特别亮的小区域，称为凝聚区。有时还会看到一大团日冕物质突然抛出的现象，称为日冕物质抛射。这也是会影响地球的剧烈太阳活动现象。

人们通过观测发现，各种太阳活动现象往往集中在黑子附近的局部区域里。光球层某处若有黑子和光斑，它们上空的色球层中就会有谱斑和日珥，更高层的日冕中常有凝聚区，而绝大多数耀斑也是发生在黑子附近。这种太阳活动现象集中的局部区，就称为太阳活动区，或活动中心。太阳活动区最明显的标志就是太阳黑子。通过长期对太阳的观测、记录，并对结果进行科学的分析，天文学家发现，太阳黑子的变化是周期性的，其平均周期是11年。各种太阳活动频繁而剧烈的年份称为太阳活动极大年；太阳活动现象很少和很弱的年份称为太阳活动极小年。

太阳活动虽然强烈，但它们发射的能量与整个太阳辐射能相比是微不足道的。因此存在太阳活动丝毫不影响太阳成为一颗稳定的恒星。大功率的稳定辐射加上小功率的周期性的太阳活动，这就是现阶段太阳的主要特征。

稳定的太阳对地球是极为重要的。地球实际上是在太阳光辐射和粒子流（太阳风）之中，因此地球附近空间环境的主要特征在很大程度上是由太阳光辐射的能谱（辐射强度随波长变化）和粒子流的能谱（粒子流量随离子能量变化）来确定的。太阳稳定的光辐射和粒子流决定了地球附近空间环境的定常状态。例如，在太阳X光和紫外光作用下，地球大气中形成了电离层和臭氧层，而太阳风则把地磁场压缩成类似彗星的形状（称为地磁层），并在其中形成了内、外辐射带，这是被地磁场捕获的太阳粒子的集中区。

而那些小功率周期性的太阳活动现象会对我们的地球产生哪些影响呢？就像我们在开始时看到的那条新闻，特殊地区出现极光是太阳活动对我们地球的影响之一，但它只是一个代表，太阳活动现象对地球的影响远不止于此。

（三）太阳活动现象对地球的影响

太阳活动对地球影响最严重的就是太阳发生耀斑时产生的一系列地球物理效应。

最先是耀斑产生的 X 光和紫外光，它们到达地球后会造成地球上的无线电通讯信号减弱甚至中断。这一现象也称为电离层突然骚扰。

耀斑发射的高能粒子一般于发生后几小时至十几小时到达地球附近。这些粒子的能量很大，将对人造卫星和宇宙飞船以及宇航员造成损害，甚至危及宇航员生命。1991 年 3 月，太阳的几次大耀斑发射的高能粒子流曾损坏了日本广播卫星的电池板，造成供电不足，使其 3 个频道中的 1 个不能工作。1990 年 11 月初的太阳耀斑发射的高能粒子流也曾使我国的“风云一号”气象卫星受到轰击，造成计算机程序混乱，无法控制卫星姿态，导致卫星在空间翻转。因此，应当尽量避免在太阳活动强烈时期进行航天（特别是载人航天）活动。为了避免危险，载人航天器一般都在内辐射带高度以下（低于 800 千米）飞行，这样可以在一定程度上受到辐射带的屏蔽保护。

太阳耀斑发射的更大量的等离子体通常在耀斑发生后 1～3 天到达地球，它们会引起磁暴和电离层爆，这对无线电通讯造成的损害比上述电离层突然骚扰要严重得多，一般会持续好几天。这些等离子体撞击地球极地高空大气层后，形成壮丽的极光现象。此外，这些粒子在地磁场中运动还会产生强大的感应电流，它在引起磁暴的同时，还会严重损坏高纬度地区的供电设备、输油管道，甚至电话线路。例如，1989 年 3 月，一系列太阳耀斑发射的等离子体引起的磁暴使加拿大魁北克地区的电力系统遭到严重破坏，电力供应中断 9 小时。磁暴期间，由于地磁场的正常状态遭到破坏，因此还会影响到利用地磁场进行作业的其他领域，如物理探矿、导航、航测等部门。

除了耀斑以外，其他一些太阳活动现象，如特大的黑子群、日珥爆发和日冕物质抛射等也会有 X 光和紫外光增强以及粒子流发射。

此外，有研究表明，太阳活动现象还有可能影响到近地面层的天气变化，影响到地球的自转，一些地区的地震发生频率似乎与太阳活动有关，甚至还有些研究人员提出某些疾病、农产品产量、人的情绪甚至交通事故等与太阳活动有联系。不过这些方面还存在较大争议。

由于太阳活动的影响范围很广泛，因而观测太阳、研究太阳活动就有重要的意义。

（四）研究太阳，预报太阳活动

1. 研究太阳

太阳物理研究者通过精心设计的各种仪器，对太阳进行了长期观测，并用物理学方法对观测结果进行综合分析和理论推断之后，能回答关于太阳的一些基本问题（如我们一开始讲过的那些）。然而，我们还有许多重要的问题至今还不清楚，或是知之甚少，有待于进一步探索。这就需要我们进一步研究太阳。

首先，对太阳进行观测和研究，将使我们对宇宙空间中的其他恒星有大致的了解。实际上，天文学家对其他恒星结构和演化的研究在很大程度上是以太阳作为范例进行探讨和检验的。

其次，太阳上有着非常特殊的物理条件，其主要特征包括高温、稀薄、高电离度、大尺度和强磁场。这些条件同时并存，是地面实验室难以模拟的。研究这些特殊条件下发生的物理过程，能促进物理学某些领域的发展。有人认为，正是对太阳能源的探讨启发了人类对原子能的认识。

最后，地球高空的大气结构和日地之间的空间环境在很大程度上是由太阳的电磁波辐射和粒子发射决定的。同时，太阳活动产生的X光和紫外光增强，各种能量的粒子流则对高空大气结构和日地之间的空间环境造成骚扰和污染，从而引起一系列重要的地球物理效应。因此，掌握太阳活动规律并进行预报具有很高的应用价值。实际上，对太阳活动及其对地球附近空间环境的扰动进行预报是人们对地球表面附近天气进行预报的扩展，已经形成了一个新的分支科学——空间天气学。

2. 预报太阳活动

哪些部门关注空间天气学的预报信息呢?

首先是航天部门。他们关心高能粒子流对宇航员和航天器的损害，需要短期和中期的太阳活动预报，以便选择合适的航天时间。在估计人造卫星运行寿命时，需要知道卫星轨道附近大气密度的分布状况，而大气密度分布与太阳活动水平有关，因此需要知道太阳活动长期预报的信息。

其次是无线电通讯部门。由于耀斑产生的短波和粒子辐射均会破坏电离层的正常状态，导致无线电通讯信号衰减甚至中断，因此他们需要各种时段的太阳活动预报，以便选择最有利的通讯频率。

还有气象、水文研究和管理部门。他们需要太阳活动中期和长期预报，作为天气和水情预报的重要参考。

还有电力系统和运输部门。由于太阳耀斑发射的大量高能粒子流引起的感应电流造成磁暴的同时，还会严重损坏高纬地区的电力系统和输油管道，干扰导航、航测等部门的正常作业，因此这些相关部门也需要太阳活动预报信息。

最后，太阳物理研究和地球物理研究本身也需要太阳活动预报，特别是太阳耀斑的预报。这些信息的掌握利于及时进行观测、安排国际协作等，进而有助于改正对它们的预报方法。

（执笔人：刘瑾）

三、“食品添加剂”主题教学资源的讲演文

食品添加剂对于我们来说既陌生又熟悉，我们会在知情或不知情的情况下把它们吃进我们的肚子里。既然是“添加”的，为何要在食物中添加呢，添加的又是哪些物质呢，这都是疑问。光有疑问还不行，近些年出现的食品问题又总会引起人们对食品添加剂的重视，真是它们的错，还是它们“背了黑锅”呢？如果我们的现代生活离不开它们，那又怎样和平相处呢？问题的答案就在下面。

（一）食品添加剂知多少

食品添加剂可以说是我们“最熟悉的陌生人”，不管是直接添加，还是间

接添加，每个成人每天大概要吃进八九十种添加剂，虽然它们的名字会让大多数人一头雾水。

这几十种是如何进入我们的胃里的呢？从早点开始数，无论是中式早餐里热气腾腾的包子，还是诱人的焦黄香脆的油条，在制作中都用了食品添加剂。松脆的油条加入了疏松剂，制作中会用膨化剂；包子的添加剂主要是在面粉里加入面粉处理剂，还可能采用馒头粉改良剂和膨化剂等。你说你喜欢享用西式早餐，那么牛奶、面包、果酱里有多少添加剂呢？如果是纯牛乳，那好，通常没有食品添加剂。如果是酸乳，需要加入稳定剂、增稠剂。如果是花色乳或调味乳系列产品，显然会使用多种相应添加剂或辅料（如果料、可可粉等）来获得特定的色、香、味、质地，比如蔗糖、低聚糖、糊精、乳清粉、植脂末、维生素矿物质强化剂等。面包里的主要添加剂有疏松剂、糖精、防腐剂等加上反式脂肪、大油等。果酱里的防腐剂、乳化剂、稳定剂、色素等就更多了。

吃过早点，来杯咖啡提提神。喝速溶咖啡是很多人的习惯，可你知道速溶咖啡里有什么吗？拿起速溶咖啡包装袋，背面就有你要的答案：白砂糖、植脂末、葡萄糖浆、食用氢化植物油、稳定剂、酪蛋白酸钠（含牛奶蛋白）、乳化剂、食用香料/调味剂以及抗结剂。咖啡的香味多亏食用香料帮忙。让咖啡色香味齐全的帮手就更多了：食用氢化植物油使冲出来的咖啡不像水，有点油状，口感更细腻；稳定剂和乳化剂的作用是使咖啡乳化，不会出现油是油、水是水的尴尬；酪蛋白酸钠是营养增强剂，增加蛋白质含量；调味剂和香料一样，用来调味。

正餐环节，炒菜用的食用油，里面含有抗氧化剂；食盐里有碘酸钾和抗结剂；酱油和鸡精含有焦糖色、谷氨酸钠、增稠剂、山梨酸钾、食用香料等。馒头是北方人爱吃的主食，要做馒头，必须要放入酵母，否则不可能“发”起来；另外，馒头里还必须放入食用碱，这样馒头吃起来才不会发酸，口感好。酵母或者酶制剂都属于食品添加剂，若没有它们，馒头就会从人们的饭桌上消失了。同学们热衷的汉堡、三明治、可乐、饭团等都含有食品添加剂。

我们周围的食品添加剂还有很多。日本“食品添加剂之神”安部司在其《食品真相大揭秘》一书中透露，一般人每天吃的添加剂大约 10 克，一年下来大约 4 公斤。食品添加剂已经与我们的生活密切相关。恐怕没有人反对加入这些食品添加剂。无论是过去，还是将来，人们的生活都离不开食品添加剂。

那么，什么是食品添加剂呢？世界各国对食品添加剂的定义不尽相同，按照《中华人民共和国食品安全法》第九十九条，中国对食品添加剂定义为：改善食品的色、香、味以及为防腐、保鲜和加工工艺的需要而加入食品中的人工合成的或者天然的物质。

食品添加剂的运用非常广泛，目前还没有哪个国家禁止使用食品添加剂。全球有2.5万多种食品添加剂，其中80％为香料，常用的添加剂品种有5000多种，直接加到食品中的约3000～4000种，而比较常见的有600～1000种，而且一般均不能单独作为食品来食用。在日常饮食和生活中，一个人每天要摄入几十种食品添加剂。在食品添加剂使用最广泛国家之一的美国，允许使用的种类超过2000种。我国在20世纪70年代批准可以使用的食品添加剂仅有几十种，现在已经发展到23类2000多个品种。常用的食品添加剂包括：为改善品质而加入的色素、香料、漂白剂、增味剂、甜味剂、疏松剂；为防止食品腐败变质而加入的抗氧化剂和防腐剂；为便于加工而加入的稳定剂、乳化剂、消泡剂；为增加食品营养价值而加入的维生素、氨基酸、矿物质等营养强化剂。

目前，国际上对食品添加剂的分类，还没有一个统一的标准。各国、各地区的使用情况、特点和传统习惯也不尽相同，而且有许多食品添加剂的作用是多种的。如香料也有抗氧化作用，乳化剂也有保鲜作用等。所以要将其严格地以类区分非常困难。大多根据本地的具体情况来分类。

（二）添加剂的“恩惠”

人们为什么会使用添加剂呢？中国工程院院士、北京工商大学副校长、食品添加剂专家孙宝国这样回答：“没有食品添加剂就没有现代食品，没有食品添加剂也不可能有食品安全。”这句话我们该如何理解呢？下面我们就分析一下。食品添加剂是人为添加到食品中的天然物质或人工合成的化学物质，能让食品保存更长时间，口感更好，还能保持和增加食品的营养成分，防止食品腐败变质，延长食品保存期，制作起来更方便，成本更低。含添加剂的食品达到万种以上。

先说口感，食品的美妙口感毫无例外地来自食品添加剂。无论是甘甜的糖果、香喷喷的零食，还是酥脆的饼干和柔软的蛋糕，都是食品添加剂的杰作。消费者的味蕾，拥抱着浓郁的香精；消费者的眼睛，追随着美丽的色素；消费者的牙齿，感受着带来脆爽的起酥油。“没有食品添加剂，我们无法想象生活中还有如此多美味的食品，现代人的口味也离不开食品添加剂。”就像备受大众喜爱的巧克力，没有改性脂肪作为乳化剂的帮助是无法做出来的，也就没有“柔滑得如丝绸一样”的广告语了。中国疾病预防控制中心化学污染与健康安全重点实验室主任、世界卫生组织（WHO）食品污染监测合作中心（中国）主任吴永宁研究员帮我们分析了食品添加剂的功效：“简单来说，食品添加剂的功效是为了使好的东西更好，而不是让坏的东西变好。”

再来说添加的营养，现在许多人反对食品添加剂的理由是害怕使用了添加剂的食品不营养、不安全，但合理的食品添加剂恰恰能够调整营养结构，达到均衡营养、补充营养的效果。如针对不同的消费群体，在面粉里面可以添加钙粉、维生素、功能因子等，强化面条的营养功能。我国推行的酱油加铁工程、碘盐工程等，都是在食品里添加人体必需的营养成分的最好例子。对于有特殊需要的人群来说，食品添加剂甚至是“救星”。糖尿病人不能吃糖，就需要无营养甜味剂或低热能甜味剂，这些食品添加剂实现了无糖食品供应。

再来说保存，以食用油为例，大家都知道新榨的油比较香也有营养，时间长了就会出现哈喇味（也就是变质了），可是过去人们怕浪费还会继续使用；而现在的食用油都装在塑料桶里面，密封好，只要在保质期内就不会变质，原因就在于配料表里面有抗氧化剂。如果不加，食用油变质对人体危害更大。以前的零打酱油放置时间久了会长毛，很不卫生，但加入防腐剂以后这一问题就不存在了。

另外，目前全世界公认最大的食品安全问题是有害微生物污染造成的，因此，在许多食品中添加防腐剂是必要的。防腐剂除了能防止食品变质外，还可以保持食品的原有品质和营养价值，它带来了食品工业的革命，其主要作用是抑制微生物的生长和繁殖，抑制物质腐败，从而延长食品的保质期，这无疑是有益于人体健康的。绝大多数的饮料和包装食品想要长期保存，往往都要添加食品防腐剂。

此外，添加剂可以降低食品的制作成本，这是最让食品制造商们钟情的。

大规模的现代食品工业就是建立在食品添加剂的基础上的。食品添加剂不仅能够改善食品的“品相”和口感，还有利于食品加工，能更适应生产机械化和自动化。因为消费者对食物的外观品质、口感品质、方便性、保存时间等方面提出了苛刻的要求，如果真的不加入食品添加剂，只怕大部分食品都会难看、难吃、难以保存，或者价格高昂，消费者是无法接受的。很多消费者不这么想，总觉得添加剂是生产厂家骗人害人的东西，但是只要想一想以下这些事实，就能明白作为消费者的我们有没有责任。

为什么自己家里的苹果切开后切口处就会变褐色，而如果超市卖的现切苹果是褐色，你却不肯买，偏偏要选择那些洁白或淡黄色的产品？如果你这样选择，就是逼迫生产者使用大量的亚硫酸盐抗褐变剂。为什么自己家里的肉煮熟了就会变褐色，而如果超市里的酱牛肉是粉红色，你却非常喜欢，而且嫌弃那些颜色发褐的？如果你这样选择，就是引导生产者使用亚硝酸盐发色剂。为什么明知道牛奶是没有水果香味的，添加到牛奶里的几小块为了杀菌而烫过的水果也不可能带来多少果味，你却还喜欢那些带有浓烈水果香味的乳饮料和酸奶呢？自己家里炸的食品稍微凉一点就会变软随后渗出好多油来，而外面卖的很多煎炸食品放了多久都还是挺拔酥脆的。为什么你总是选择那些最爽脆的呢？自己家里的馒头放半天就会变硬发干，而超市的面包几天后还是松软依旧。为什么你专门选那些最松、最软的面包，干瘪一点的你都不肯问津呢？可见，在这个消费决定生产的时代，消费者的选择决定了生产者的行为。在超市里，经常可以看到这样的宣传：“松软得可以弹起来”“柔滑得如丝绸一样”“无与伦比得松脆”。消费者被这些诱人的语言所征服，于是欣然购买。

（三）添加出问题的食品

层出不穷的食品安全问题让老百姓人心惶惶：我们还能吃什么？食品里到底添加了些什么？“食品添加剂”这个词也再次被推到风口浪尖。中国和大多数国家一样，对食品添加剂都实行严格的审批制度。目前，中国已批准使用的食品添加剂有2000多种。凡是已被批准使用的，就可以安全使用。食品问题的焦点是看你的添加剂是否是按食品添加剂的要求生产，添加的食品与数量是否在规定的范围之内。擅自扩大食品添加剂的使用范围，过量使用食品添加剂，违法添加非食用物质或本身质量有问题的食品添加剂等，已成为当前食品添加剂使用的三大顽疾。例如，消费者想要食品保存的时间更长，口感更好，同时还要具有韧性。如果不使用大量的添加剂，这是不可能实现的，有些商家甚至会过量添加，更有甚者添加非食用添加剂。还有人工合成色素允许在某些食品内微量使用，而婴幼儿食品却严禁使用。

制造商想要降低成本，避免昂贵的高质量的原料，所以他们添加更多的化学添加剂，如防腐剂，来延长食品的保质期。所以，食品安全问题比较集中在色素和防腐剂的违规使用上。一些商家用明显具有致癌作用的亚硝酸盐充当防腐剂（国家法规明令禁用的），个别地区接连发生了毒饮料和毒火腿事件。二氧化钛是一种增白剂，工业级的可用来粉刷墙壁，只有食品级的二氧化钛用于食品加工，有的饮料如“椰奶”是白色的，需要增白，要添加二氧化钛食品添加剂。但食品级的二氧化钛比工业级的贵得多，有些饮料厂就用工业级的二氧化钛代替食品级的，这完全是利润推动的恶果，是典型的把非法添加物当食品添加剂的案例。有些企业为了追求食品的“口感”“卖相”，超标准地往食品中加入增味剂和着色剂，以便在同行竞争中胜出。这些企业明知不可为而蓄意为之，无非是为了一个‘利’字，如人工色素的原料使用煤焦油。除此以外，原材料供应也是一个问题，它们既是食品添加剂的源头，也是非法添加各种化合物的一个原因。例如，为了提高奶牛的产奶量，一些奶农使用激素，同时，为了防止奶牛生病，他们又使用抗生素，这些物质都毫无疑问会进入奶制品中。而为了掩盖非法使用抗生素，一些奶农或生产商就会在牛奶中添加β－内酰胺酶。

比过量使用合法食品添加剂更有害的是，目前食品中使用的一些添加剂并没有经过安全性评价，仅是实验室研究出的“毒理不明”的化学产品。以盐酸克伦特罗为代表的“瘦肉精”就是例子，“瘦肉精”实为“害人精”。

通过以上分析可以看出，食品添加剂为食品安全问题“背了黑锅”。食品添加剂不仅无罪，而且是我们能够享受美味佳肴的功臣，可以这样说，当人类的食品进入工业化生产之后，除了极少的天然野生食物外，几乎没有什么是不含添加成分的。如果没有食品添加剂，就不会有这么多花样无穷、琳琅满目的食品；没有食品添加剂，食物就无法完美制作和妥善保存。最终，解决之道有赖于消费者对于食品安全认识的提高，一旦消费者明白购买含有过多劣质添加剂的价位更低的便宜食品不是一个明智选择时，他们将迫使食品生产商乃至食品添加剂制造商提高他们的标准。

（四）选择食品，选择健康

吃着精美点心、快餐盒饭、香喷喷的热狗时，瞟一眼印刷精美的食品包装上的营养成分表，你就会发现每种食品中都有添加剂成分。据了解，转化脂肪、精制谷物制品、食盐、高果糖浆四种成分是在加工食品中最多见的。

转化脂肪主要见于面包店的松饼、爽脆的饼干、微波炉爆米花和快餐店的油炸薯条等食品中。据最新研究显示，转化脂肪对心脏的危害是饱和脂肪的两倍，估计每年能引起 3 万至 10 万人因心脏病死亡。据悉，从 2006 年开始，转化脂肪将被要求在外包装的营养成分表中列出。食盐中的钠是维持生命的一种必需成分，但当你吃了超过身体所需的食盐会怎样呢？身体会保留更多体液以稀释血流中的过量钠。因而增加了血液的容量，促使心脏搏动更费力；同时会使静脉和动脉变得狭窄，会得高血压。高果糖广泛用于冷冻食品中，也用于制作全麦面包、汉堡包和松饼，还可以加进啤酒、软饮料甚至番茄酱中。有研究者提出这种液体甜味料可能会扰乱人体新陈代谢，增加患心脏病和糖尿病的危险。

也有一些食品如此宣传：“本品不含防腐剂”“本品不含人工色素”“本品不含香精”。消费者心有所动，认为它们更健康，就高兴地把它们放入购物篮。其实，这些食品不含防腐剂，未必不含抗氧化剂；不含色素，不等于不含防腐剂；不含香精，也不等于不含增稠剂等其他添加剂。

要想真正避免大量摄入食品添加剂，唯一的方法就是自己购买新鲜天然的食品原料，花费一些时间，按照传统的方式，亲自动手制作健康的家庭食品。在家里做新鲜食品的好处远不仅仅是避免食品添加剂。新鲜食物可以提供最平衡的养分、最多的保健成分、最多的膳食纤维，还能提高免疫力。总之，用完全天然形态的食品原料在家烹调，虽然花费时间精力，却可以获得健康。因为，天然食物中的健康成分很难在加工中完全保留；天然食物的美好特性也只能存留非常短的时间。消费者应当接受这个基本事实。如果不肯降低对食物的要求，又不肯购买新鲜原料自己制作，就只能与食品添加剂和平共处了。

实际上，国家许可使用的食品添加剂的整体安全性是比较高的，在正常用量下不会引起不良反应。对于加工食品来说，很多食品添加剂必不可少，如低盐酱菜和酱油中的防腐剂，方便面和各种曲奇点心等中的抗氧化剂，还有防止面包长霉的丙酸盐等。如果没有这些食品添加剂，就很难想象食品能有足够的时间运输和出售，也很难想象消费者能够吃到放心的食品。

然而，尽管每一种食品添加剂的毒性都很低，但如果人在饮食中摄入的量过大，仍然可能产生副作用。同时，各种食品添加剂之间的相互作用以及它们与食物成分吸收利用之间的关系，至今仍然没有得到详尽的研究。因此，尽量避免摄入过多的食品添加剂仍然是明智的做法，特别是对于解毒功能尚未完全发育成熟的儿童。国外已经有不少研究报道，在让儿童远离各种加工食品之后，不少孩子的多动症、注意力不集中、学习障碍、侵略性行为等都有所改善。也有研究发现，合成色素如柠檬黄等会妨碍锌的吸收，而酥脆食品中的明矾和氢化植物油等原料不利于智力发育。总之，家长应当尽可能不给两岁以下幼儿吃任何含有添加剂的食品，包括彩色的糖果、甜味饮料以及添加味精和膨化剂的食品。

我们的建议是：

（1）在超市买东西，务必养成翻过来看“背面”配料表的习惯。尽量买含添加剂少的食品，注意食品添加剂的过量摄取问题。

（2）选择加工度低的食品。买食品的时候，要尽量选择加工度低的食品。加工度越高，添加剂也就越多。也可以解释为越方便食用的食品添加剂就越多。

（3）“知道”了以后再吃。希望大家在知道了食品中含有什么样的添加剂之后再吃，避免过度追求口感、颜色、味道的误区，如没有一滴奶的“奶茶”和没有一点果汁的“鲜榨果汁”。

（4）不要直奔便宜货——便宜是有原因的，在价格战的背后，有食品加工者在暗中活动。

（5）具有“简单的怀疑”精神。“为什么这种橙汁的颜色这么漂亮？”“为什么这种汉堡包会这么便宜？”“为什么咖啡店的奶精是免费的呢？”“为什么辣椒酱这么便宜呢?"具备了简单的怀疑精神，在挑选加工食品的时候，真相自然而然就会出现。即使我们不知道化学名称，也完全能够很好地与其和平相处。

(6) 接受食品的天然特性，重视食品的自然品质，明智地选择食品。

对于经常被推到"风口浪尖"上的食品添加剂，我们应当心平气和地接受，肯定它们对食品的安全、美味和方便所作的贡献，但应当尽量选择添加剂较少、用优质天然原料制作的食品。最要紧的是，我们要通过反思食品添加剂的问题，树立正确的食品选择和评价观念，不再过度依赖加工食品和快餐食品，而是珍视自然的风味，感激父母、家人不辞辛苦烹调制作一日三餐的爱心，并把健康的民族饮食传统传承下去。

（执笔人：孙欣）

四、"湿地的危机"主题教学资源的讲演文

（一）地球之肾怎么了——湿地的困境

同学们，让我们先来欣赏一些美丽的图片（播放图片），这些美丽的景色都跟一个词相关，那就是——湿地。在地球上，森林提供了生命所需的氧气，人称"地球之肺"。而湿地因为在降解有机物污染、吸收重金属、净化水质方面具有不可替代的作用，人称"地球之肾"。湿地与森林、海洋一起并称为地球的三大生态系统。

那么什么是湿地呢?湿地几乎遍布世界各地，但由于人类对湿地真正认识只是近半个世纪的事，关于湿地的定义也有很多种，目前国际上公认的湿地定义是《湿地公约》给出的：湿地指不论其为天然或人工、长久或暂时性的沼泽地、泥炭地或水域地带，带有静止或流动、淡水、半咸水、咸水水体，包括低潮时水深不超过 6 米的水域。

听起来很拗口，但简单地说，湿地就是其表面常年或经常覆盖着水或充满了水、介于陆地和水体之间的过渡带。我们可以根据三个最典型的特征来识别湿地：

（1）水——地表具有常年积水、季节性积水或土壤过湿。

（2）植物——水生、沼生和湿生植物。

（3）土壤——以排水不良的水成土为主，多富含有机质。

根据湿地的定义，同学们会发现生活中的许多景观，如沼泽、湖泊、河流及洪泛平原、河口三角洲、滩涂、珊瑚礁、红树林、水库、池塘、水稻田等都属于湿地的范畴，其实湿地就在我们身边。

全球湿地面积约占陆地面积的6.4%。我国湿地资源也很丰富，总面积约为3848.55万公顷，约占国土面积的4%，占世界湿地面积的1/10，位于加拿大、美国和俄罗斯之后，居世界第四位，居亚洲第一位。我国湿地类型齐全，分布面积广，按地域可划分为东北湿地、黄河中下游湿地、长江中下游湿地、杭州湾北滨海湿地、杭州湾以南沿海湿地、云贵高原湿地、蒙新干旱/半干旱湿地和青藏高原高寒湿地。湿地可分为天然湿地和人工湿地两大类。

我国湿地的类型

湿地				
天然湿地				人工湿地
近海与海岸湿地	沼泽湿地	湖泊湿地	河流湿地	库塘

但现在湿地却面临着严重的危机。世界自然基金会（WWF）警告说，人类的急功近利正在使全球价值700亿美元的湿地资源面临严重威胁，在过去的半个世纪，全球的湿地面积缩小了1/2，导致许多自然物种的灭绝以及日益频繁的自然灾害。

那么我国的情况怎样呢？1995～2003年，国家林业局组织开展了建国以来首次大规模的全国湿地资源调查，我们来看一些调查结果：

在重点调查的376块湿地中，有117块已经遭到或正面临着盲目开垦和改造的威胁，占所有重点调查湿地总数的30.3%，有98块正面临着环境污染的威胁，占所有重点调查湿地的26.1%。

三江平原是我国最大的平原沼泽集中分布区。1975年三江平原沼泽面积达217万公顷，占平原面积的32.5%；1983年沼泽面积下降到183万公顷，占平原面积的27%；到1995年，沼泽面积仅有104万公顷，占平原面积的16%。

自20世纪50年代到1997年，长江河口湿地已被围垦的滩涂达7.85万公顷，相当于辖区陆域面积的12.39%。

湖泊湿地面积下降更为迅速，全国围垦湖泊面积达130万公顷以上，因围垦而消失的天然湖泊近1000个。

种种现象表明一个严峻的事实：湿地在迅速退化!

再让我们来看看发生在生活中的一幕幕……

2006年，北京市顺义区有一个正在开盘的别墅楼盘，销售手册中提出了颇吸引人眼球的口号："中国首个在湿地里种出的别墅。"试想，别墅建成了，湿地又会变成什么样子。

2010年1月，新《水浒》剧组未经审批就在郑州黄河湿地内进行拍摄，并对湿地造成了多方面的破坏，40多亩原生态湿地遭到践踏，野生红柳遭马匹啃噬严重，大型机械和人员进入湿地使湿地土质变硬，并影响了候鸟的生活。

……

因此，湿地的困境并没有解除，退化的趋势仍在继续，地球正面临着"肾衰竭"的危机。

（二）为什么要保护地球之肾——湿地的作用和意义

湿地，这个对不少人来说可能还是很陌生的词，一些人甚至认为湿地就是光长野草不长庄稼的地方，它真的有那么重要吗？让我们来看看人们赋予它的别称："天然蓄水库""天然污水处理厂""物种基因库""海滨长城"等。

"天然蓄水库"：湿地给人们的第一印象就是多水。一部分水积存在湿地地表，还有大量的水储存在植物体内、土壤的泥炭层和草根层中，因此人们把湿地称为"天然蓄水池"或"生物蓄水库"。例如，每公顷沼泽湿地土壤可蓄存2000～15000立方米水量，以东北山地沼泽湿地为例，土壤蓄水和地表积水的总储水量可达172.16亿立方米，相当于松花江干流多年平均径流量的46.2%，表明沼泽湿地具有十分重要的涵养水源和调洪功能。而湖泊湿地更是名副其实的天然水库。我国湖泊总贮水量约7077亿立方米，其中淡水贮水量占31.8%。正因为湿地多水的特性，它同时具备了调节径流、抵御洪水、补充地下水、改善气候的生态功能，长江中下游的大小湖泊湿地就是最好的例证。

“天然污水处理厂”：湿地里许多水生植物能吸附或分解重金属，特别是水湖莲、香蒲、芦苇对含高浓度重金属如镉、银、铜、锌、钒等的污水处理效果十分明显，芦苇湿地对铝净化能力达 96.06%，铁为 92.78%，锰为 94.54%，铅为 80.18%，铍和镉为 100%。因此，与人体的肾脏一样，湿地这个“地球之肾”具有很强的降解和转化污染物的能力，它承接了人类产生的各种工农业废水和生活污水，凭借水生植物群落的净化功能，吸收过量的营养物质、有害的重金属等，往下游排放更为健康的水体。如黑龙江省七星河受上游工厂污水排放影响，水质受到污染，但是流经一片面积约 325 公顷的芦苇沼泽湿地后，流出的河水水质得到明显改善，可以达到五类水质进去、三类水质出来的效果。世界许多地方都通过建立人工湿地来净化污水。

“物种基因库”：湿地是重要的物种栖息地，很多珍稀水禽的繁殖和迁徙离不开湿地，这里是“鸟类的天堂”。我国有 1/2 的珍稀鸟类以湿地为支撑；亚洲的 57 种濒危鸟类中，在我国湿地生活的有 31 种；全球 15 种鹤类在我国湿地已发现 9 种。许多候鸟把湿地当作迁徙的中转站和加油站。据初步统计，我国湿地中有高等植物 2276 种，鱼类 1040 种，占全国已知鱼类的 1/3。湖泊湿地和河流湿地还是许多珍贵鱼类的产卵和繁殖场所，如鳇鱼、大马哈鱼、鲟鱼等。高度的生物多样性使湿地成为重要的物种基因库，“水稻之父”袁隆平院士就是利用海南湿地的野生稻为基因材料培育出杂交水稻，使粮食产量显著增加。

“海滨长城”：河口、海岸湿地植被由于植物根系对海岸具有强大固着作用，可以削弱海浪和水流的冲力，因此海岸湿地如同海滨长城一样保护海岸、控制侵蚀。尤其是海滨湿地生长的红树林，它具有“海上森林”的美誉，在台风盛行的东南沿海地区，有着明显的防风护堤作用。红树林对潮水流动的阻碍，使林内水流速度仅为林外潮水流速的 1/10；还有大米草，它发达的根系能将土壤颗粒连结起来，起着稳固作用；大米草地上的植株可削弱海浪的冲力，如 200 米宽的互花米草可将 9 米的海浪消减 60%以上，6 米的海浪消减 98%以上，即使是在特大潮时，仍然可消减海浪 39%的能量。1959 年 8 月 23 日，厦门地区遭受 12 级特大台风袭击，但是唯有龙海县寮东村在 8 米高的红树林保护下的堤岸安然无损，而厦门附近的青礁村，由于红树林遭受破坏，海浪冲崩堤岸7米，有些地段更为严重。

此外，湿地还是“天然空调器”和“加湿器”，对气候起着调节作用。

湿地是地球上水、陆相互作用形成的独特生态系统，是自然界最富生物多样性的景观之一，它能抵御洪水、调节径流、补充地下水、改善气候、控制污染、美化环境、维护区域生态平衡，它的生态功能是其他系统所不能替代的。湿地，一直以来都在默默无闻地为人类提供着多种服务。人类的祖先就是逐水而居，依靠湿地逐渐创造出了灿烂的文明。正如一位湿地专家所说：“如果湿地消失了，人类离失去家园的日子也就不远了。”

保护湿地就是保护我们的家园，那么，是谁在破坏“地球之肾”?

（三）谁在破坏“地球之肾”——湿地退化的原因

湿地退化的原因有自然因素，也有人为因素。自然因素主要是气候变化造成的影响，如全球气候变暖，持续干旱，降水减少等。这也正是2010年第14个“世界湿地日”的主题：湿地、生物多样性与气候变化。但需要指出的是，气候变化只是提供了一个基本背景，导致湿地退化的最主要和最直接的原因则是人为活动。

1. 盲目和过度占用湿地面积

人口快速增长，对土地和物质的需要剧增，盲目的农业开垦和城市开发占用天然湿地，直接造成我国湿地面积减少。据不完全统计，20世纪50年代以来，全国湿地开垦面积达1000万公顷，全国沿海滩涂面积已削减过半。

素有“千湖之省”的湖北省因较长时间以来的过度开发、保护不力等原因，“千湖之省”已经名不副实。据湖北省水利厅统计，从20世纪50年代初到80年代末，湖北全省100亩以上的湖泊从1332个锐减为843个。目前，湖北省5000亩以上湖泊仅剩110个，成千上万的水鸟正面临着生存威胁。在近海岸，破坏红树林、挖塘养殖和围垦现象严重，许多海岸湿地的红树林荡然无存。2001年我国首次对红树林资源的全面调查结果显示，全国现有红树林资源总面积82757.2公顷，但正遭到严重破坏，总体面积呈下降趋势，20世纪80年代至今，全国红树林面积减少就达12923.7公顷。

海南省海岸线长达 1528 公里，是我国红树植物最丰富的地区。据海南省林业局的统计数字，海南省在解放初期拥有约 1 万余公顷红树林，但时至今日，全省红树林面积仅余 3900 多公顷。这个数字意味着：在过去 50 年里，海南省失去了 60%以上的红树林。究其原因，主要是 20 世纪 60 年代的围海造田、90 年代中期兴起的海水养殖业毁坏了大量的红树林。

我国现有天然湿地的 30%仍面临着被开垦和改造的威胁。湿地面积的急剧减少大大降低了江河湖泊调蓄洪水的能力，增加了洪涝灾害风险，成为制约我国经济和社会可持续发展的巨大障碍。

2. 向湿地过度排污，湿地水质污染严重

工农业生产和城市建设造成大量的工业“三废”、生活污水和化肥、农药等有害物质直接排入湿地，湿地污染严重，水质恶化，甚至超出了湿地的自净能力。据湖南省洞庭湖环境保护监测站的调查，洞庭湖区有工业污染源达 1803 个之多，其中重大污染源 141 个，湖区年废水排放量达 3.62 亿吨。我国七大水系 63%的河段水质受到污染，素有“鱼米之乡”美誉的太湖和被称为“高原明珠”的滇池均发生过严重的水体富营养化事件。沿海海域赤潮频发，导致鱼虾贝类大量死亡，污染严重的地段甚至物种绝迹。

3. 过度或不合理使用湿地水资源

在湿地上游修建蓄水、引水工程截流水源，修筑沿河的堤坝工程，切断滩地沼泽和河流的水联系，过度用水、不合理用水使得许多湿地因缺水而逐渐萎缩退化。黑龙江省扎龙湿地，主要补给水源是乌裕尔河，因上游修建水库、塘坝 60 余座，使进入扎龙湿地的水量由五六十年代建区时的每年 4 亿立方米，减少到现在的每年 1 亿立方米，核心区水面缩小了 3/4。河北省的白洋淀因各河上游相继建成水库 155 座，加上气候干旱，曾在 20 世纪 80 年代出现连续 5 年的干淀。目前，通过引水，水量仍未能达到原来的最大蓄水量。。

4. 湿地泥沙淤积日益严重

由于大江大河上游的森林被砍伐，影响了流域生态平衡，使河流中的泥沙含量增大，河床、湖底、水库淤积，对湿地造成严重威胁。水文专家根据输沙平衡法计算，20 世纪 50 年代以来，洞庭湖年均泥沙淤积量为 1.29 亿立方米，平均每年约有1亿立方米泥沙淤积湖内。长期的淤积使洞庭湖的蓄洪量大大减少。

5. 过度利用生物资源

捕捞、狩猎、砍伐、采挖等过量获取湿地生物资源，造成了湿地生物多样性逐渐丧失，其中以过度捕捞导致鱼类资源衰竭的现象最为严重。

（四）行动起来——保护“地球之肾”

遏制天然湿地丧失，保护“地球之肾”，需要国际、政府、公众的共同努力。

1. 国际公约——《湿地公约》

《湿地公约》是1971年在伊朗小城拉姆萨尔（Ramsar）签订的，全名是《关于特别是作为水禽栖息地的国际重要湿地公约》，它是一个政府间公约，是有关湿地保护及其资源合理利用的国家行动和国际合作框架。现在有158个缔约方，共有1886个湿地列入国际重要湿地名录。1992年，我国政府加入了《湿地公约》，这是我国保护和合理利用湿地资源的一个里程碑。至今，我国已有36块湿地列入“国际重要湿地名录”，占全国自然湿地总面积的10.41%。

2. 针对我国湿地现状的对策

（1）加强湿地保护立法和执法力度。1994年，我国政府将“中国湿地保护与合理利用”项目纳入《中国21世纪议程》优先项目计划，把我国的湿地保护提到了优先发展的地位，并于2000年11月正式发布了《中国湿地保护行动计划》，2004年2月2日通过了《全国湿地保护工程规划》（2004—2030年）。

但目前我国还没有一个专门的有关湿地保护的全国法律，与湿地保护有关的法律条款分散于《森林法》《野生动物保护法》《水法》等法律法规中，湿地的保护和管理仍然存在多头管理、责任不清等现象，直接影响到湿地保护的力度和成效。如上海崇明东滩湿地，存在滥捕鳗苗、鱼蟹，随意放牧牛群及偷猎珍稀鸟类等现象，却因缺乏有关的法律法规而得不到有效制止。除黑龙江、江西、江苏等少数省市外，我国绝大多数省（市、区）没有出台相应的湿地保护法规。因此当前的关键是抓紧湿地立法，使湿地保护有法可依，这是当前湿地保护的重中之重。

（2）建立全国湿地保护统一领导机构。湿地处于水陆交错地带，决定了我国湿地资源的保护管理涉及多个部门，农林、水利、环保、交通、建设、国土资源、旅游等职能部门都或多或少的对湿地有领导及管理职能，各部门各自为政，难以形成协调机制，容易出现管理矛盾。因此，应该建立全国性的湿地保护统一领导机构，并赋予法定职责，对湿地的经济及环境等方面实施综合管理。

（3）增加湿地保护的资金投入。我国用于湿地保护的资金严重不足，多数地区的湿地保护区没有纳入当地财政预算。至2005年，我国湿地保护总投入才1.9亿元，平均每公顷投入不足5元，抢救性保护的数量和规模不得不压缩。近几年，我国逐渐重视湿地生态保护，并将其置于国家生态安全的高度来对待，2006年至2009年投入11亿元资金用于湿地保护，约46％的自然湿地保护区得到有效保护，中国的湿地生态保护与恢复获得难得的发展机遇。

（4）建立湿地自然保护区。建立自然保护区是目前保护湿地资源最有效的途径。自20世纪80年代始，我国意识到保护湿地和生态资源可持续活动的重要性，各地相继建立了以湿地生态系统为主要保护对象的自然保护区，截至2005年12月，已建各类湿地自然保护区473处，保护了1715万公顷的自然湿地，占湿地总面积的45％。这些区域的湿地资源与生境已得到良好的保护与恢复。为进一步加强湿地保护工作，国务院于2003年批准了《全国湿地保护工程规划》，该规划规定了我国湿地保护的总体目标是：到2030年，完成湿地生态治理恢复140万公顷，建成53个国家湿地保护与合理利用示范区，全国湿地保护区达到713个，国际重要湿地达到80个，使90％以上天然湿地得到有效保护，使我国的湿地保护和合理利用进入良性循环，充分发挥湿地生态系统的功能和效益，实现湿地资源的可持续利用。

（5）大力宣传湿地知识，提高湿地保护意识。我国公民的湿地保护意识还很薄弱，学校缺少湿地生态教育。湿地保护是全社会的共同事业，必须调动全民力量，充分利用电视、广播、报刊、互联网等媒介，向全社会传播湿地知识，让人们了解我国湿地资源的现状、湿地的生态系统服务功能和湿地面临的威胁，让全社会都来关注湿地，热爱湿地，走进湿地，加入保护湿地的行动中来。

（执笔人：韦小宁）

第四章

课程实施效果及反思

精品课程的实施效果需要实践的检验。本章客观评价了课程的实施效果，分别从教师、学生层面进行展示。教师方面，形成了逐渐成熟的教师团队；学生方面，培养了科学素养，提升了综合能力。为展现学生“关注科学、热爱科学、传播科学”的精神，本部分还附上了一些优秀的学生作品案例，并配以教师点评，全面展现校园科普精品课程建设的成果。当然，精品课程的建设也有一些困惑和问题，在展望未来的同时，作者也对其中的困惑和问题及需要得到的支持进行了说明，以期校园科普精品课程建设能获得深入发展。

自2008年开课以来，在人大附中刘校长的大力支持下，经过教师团队的努力钻研，“校园科普”课程已经越来越成熟，越来越受到学生的关注和欢迎。尤其是2010年参加“创新人才区域培养精品课程开发与实践”课题研究后，课程目标更加明确，课程资源更加丰富，教学环节更加清晰，实施效果更加显著。

本章内容中各方面对课程效果的评价及学生作品展示都昭示这样的信息：在义务教育阶段以“学做科普”的方式提升学生的科学素养是可行的；以课程的方式推进、让每一个初中生都经历这一过程是非常有必要的；以任务为驱动实施课程的方案是具体可行的。

第一节　课程实施效果

几年的探索与钻研，“校园科普”课程已经越来越成熟，越来越受到学生的关注和欢迎，在课程研发、教师团队成长及学生收获等几个方面都收到了良好的效果，逐渐成为人大附中的特色课程之一。

一、别开生面的课程

“校园科普”课是“教学生做科普”的课程。既然这样，课堂就不是简单的教师讲、学生听的过程，而是教师和学生一起做科普的过程，在此过程中学生通过实践学会如何处理资料、怎样进行版面设计、演讲时要注意哪些问题、怎样把自己的观点表达清楚等，在做的过程中得到锻炼、受到熏陶。

（一）学生真正成为课堂的主人

“校园科普”强调激发学生的参与感和成就感。要实现这一目标，教师在组织的过程中就要真正给学生留有足够的空间，调动每个学生参与的积极性，给每个学生展示自我的机会。

制作科普报道稿并在班内进行交流是学生首次阐述自己对选题的理解。在这个过程中，教师仅提出了关于字数的大概要求，而对于科普报道稿的形式、排版、色彩等都没有做规定，学生发挥自己的创造性，一开始对“科普报道稿”毫无概念，在互相学习和教师的引导下，最终都制作出了自己的报道稿。同学和老师点评也让演讲同学了解到演讲时声音、站姿甚至与观众的眼神交流的重要性。

展板制作是这门课程的重要内容之一，教师在展板的形式上同样没有任何的限制和提示。学生在最初可能完全不知道该如何下手，但经过小组的几次讨论、策划，各组都逐渐形成了自己的思路，各个班制作出了风格各异、表现形式丰富的展板，表现出自己的创意。如汇报人体免疫系统的小组在整个展板上贴出了一个人的形状，然后以此为“标本”来介绍免疫系统。

最后的科普汇报展示活动更是体现出了学生的创意和能力。他们制作的幻灯片在清晰表达所讲内容的同时，排版清楚，色彩搭配合适，并且形象生动，配有大量的图片以及音乐，在保证科学性的同时兼顾了艺术性和趣味性。而学生的演讲也反映出了他们对知识的熟练掌握和应变能力以及“传播科学”的能力。这些优秀的表现是与这门课程给学生提供的专项训练和充分的发挥空间分不开的。

我听，我忘记；我看，我记得；我做，我学到；我教，我掌握。——我们希望通过校园科普，不仅让学生体验做科普的过程，更重要的是让学生在这样的过程中去培养和锻炼多方面的能力，去发现和感悟“培养尊重科学的习惯、理解科学的能力和关心科学的感情”的重要性，让“学科学、爱科学”逐步成为一种自觉和风尚。

在一个学期的学习中，教师真正主讲的一般只有 2～3 次课，其他时间都是以学生制作、教师辅导的方式来进行。所以，在校园科普这个课堂上，真正体现了学生的主体性，他们才是课堂的真正主人。

从以下学生的感言中，我们体会到参与就是快乐的道理。

学生："通过一学期的展板制作，我们对中国的水资源现状有了更深入的了解，并且在未来的生活中将倍加珍惜身边的每一滴水。制作展板的过程是十分艰难的，因为工作量很大，组员们不得不牺牲自己的休息时间加班加点，但是我们还是按时完成了所有的任务，我们所有的创意与设计都代表了我们的努力，不论结果怎样，这都是一种历练，是我们成长的见证，同时我们也为汗水换来的所有成果而倍感骄傲。"

学生："校园科普课非常好玩，尤其是当你身在其中的时候，真是其乐无穷。"

当被问到愿意用哪些词或短语来形容科普课的时候，学生们给出了这样的回答：收获、分享、感悟、开放、新颖、创新、好玩、自由、放松；拓展知识、培养科学兴趣、提升演讲水平；集体荣誉（大家都在一起做事），长知识（能了解到平时课本上了解不到的内容），高兴（不会像上其他课那样犯困），好玩（不愿意让其他老师占科普课）。

（二）营造了良好的校园科普气氛

人大附中"校园科普"课程实施三年多以来，逐渐为相关专家、各联合运作组基地校同行所接受、认可。尤其是在"校园科普日"的活动中，成果的呈现方式和学生的精彩表现都得到了专家的一致好评。

"校园科普"课程的展示汇报阶段是整个课程的最后阶段，也是最精彩的一部分，通过一个学期的创制与准备，学生将通过展板、演讲等方式呈现研究成果，形成班级内部、班级与班级之间的互动，最终营造校园内的科普氛围。为了在全年级甚至全校的范围之内营造"学科学、爱科学"的气氛，锻炼学生做科普的能力，学校策划"校园科普日"主题系列活动，包括以下几个环节。

1. 展板展示互动

初二年级的16个班将科普展板陈列在学校的中心花园，同时给全校同学发放邀请卡，邀请同学参加互动交流。参与的学生通过阅读展板内容、与展板制作同学交流了解选题内容并进行有奖问答。

制作展板的学生向全校同学进行科普宣传

此环节旨在调动学生参与的积极性，营造校园科普气氛，实现多班互动。

尹冬冬教授评语："今天最感人的就是展板互动环节，中心花园人密密匝匝的，学生热情地给路过的人讲解，非常自信。这么多年头一回真正感受到了科普的氛围，我非常兴奋。"

2. 科普报告大会

（1）本学期开课的 8 个班级对全年级学生做科普交流汇报，在综合楼四层以及图书馆二层两个会场同时举行。

（2）组织专家点评、现场互动和颁奖仪式。

（3）此环节是校园科普课程的最后一个阶段，这既是本学期科普活动成果的展示，同时通过交流汇报达到传播科学、营造科普氛围的目的。

学生在做科普汇报交流

"校园科普"课程的展示汇报

王绶琯院士评语："学生有创造力、想象力，而且表达很准确。"

3. 与专家交流互动

本学期开课的 8 个班的学生代表需要对着展板向专家讲解本班课题并接受专家的提问。

此环节由专家来检验学生对选题的掌握情况，并对制作过程等做进一步了解。

学生为专家讲解本班课题

专家参观学生制作的课题展板

陈佐忠教授评语：“学生态度认真，内容表述清楚，结构安排合理，目标已经达到。”

这样一门别开生面的课程引起了媒体的关注，《北京日报》教育专刊、京报网等相继报道了人大附中开设“校园科普”必修课提升学生科学素养的事实，并给予了高度评价。

（三）形成了促进创新能力培养、适于推广的精品课程资源

在原有课程资源的基础上，教师研发团队对课程资源进行了充分开发。选题开发方面，课程内容选题由原来的 6 个增加到 10 个，每个选题包括讲演文、参考条目及相应的图片和视频资料。课程实施方面，在新一轮实践的基础上，教师撰写了整个课程的阶段教学设计和课时教学设计，并对课程进行了课堂实录。评价设计方面，教师设计修改了课堂评价表格，进行了学生访谈，收录了学生上课的感受。学生作品收存了上千份科普报道稿、演示文稿和学生制作的展板。另外，我们还录制了《人大附中校园科普课程掠影》视频短片。目前本课程积累了一定的课程资源，这些资源包括：

(1) 文本资源。包括课程设计的理念与思路分析、课程实施总体策略、10 个选题的讲演文和参考条目、各个阶段的教学设计和辅导步骤、课程的整套评

价方案、任课教师的辅导经验等。本书是以上文本资源较为全面的呈现，这些资源可以作为开课的基础。

(2) 视频资源。包括课堂实录、“展示汇报”阶段的录像、各选题相关视频。作为人大附中的校本课程，“校园科普”课程的课堂实录视频已上传到“中小学教育联盟网”，其中包括46个视频资源，涵盖课程的各个阶段，成为与全国中小学教师和学生资源共享的有效平台。通过视频可以看到教师在课堂上的每一步具体操作。“中小学教育联盟网”是国家基础教育资源共建共享联盟为全国中小学师生提供优质教育资源的网站，该联盟已发展成员学校3000多所，实名注册用户60万多人，借助此平台，“校园科普”精品课程资源就有了稳定的网络资源基础。

(3) 多媒体资源。包括教师用课件、学生汇报展示PPT。教师用课件是教师在介绍选题时配合选题内容自制的幻灯片，大量的图片、数据表格可以帮助学生更好地理解选题内容，教师用课件也是学生后期完成各项任务的参考。学生汇报展示PPT是学生的学习成果。

(4) 学生作品。包括展板、科普报道稿、讲演文稿。这些学生作品从不同侧面体现了学生对选题内容的认识和理解，也体现了学生的多种能力和无穷的创造力。

“校园科普”课程资源的特色在于课程内容丰富，实施环节清晰，评价方法明确。这些资源可以拿来就用，同时便于在原有基础上改进。目前，在王院士的促成下，《教学生做科普——校园科普资源》一书已经由安徽教育出版社出版，将来在课题组的指导下还将进一步研发教学手册和学习手册。

二、教师团队逐渐成熟

人大附中“校园科普”课程能发展到今天，一是有刘校长和相关领导的大力支持和关注，二是有一个善于钻研、肯付出的教师团队。正如北京青少年科技俱乐部的周琳老师所说：“感谢人大附中一年来的实验，帮助王老实现了多年来的一个愿望；人大附中‘校园科普’教师团队爱钻研、肯投入，又非常团结，完成任务从不推脱，让人非常感动。”

“校园科普”教师团队的教师来自多个年级，有初一、初二、还有高一；来自不同学科，有生物、地理，还有物理。这样一个跨年级、跨学科的团队，为了一个共同的目标——更好地实施“校园科普”课程，大家走到了一起。该团队在张冬梅老师的带领下，克服了选题开发、辅导设计等重重困难，坚持周周备课的制度，不断钻研、不断改进，付出了大量的时间和精力。3 年多来，校园科普的教师团队也有了明显的变化：

（1）教师人数在增加。由最初的 4 人扩展到了 9 人，有这么多教师愿意参加这项工作，这是让其他学校羡慕的一件事。教师数量的增加可以让每个教师只负责一个班级，有更多的时间来对学生进行个人辅导，特别是在制作科普报道稿阶段及最后的科普展示阶段。

（2）教师团队阶梯结构合理。这个团队有最早就参与科普教学的教师，他们经验丰富，逐渐探索出了“校园科普”教学的基本模式，他们在教学中都有着自己独到的方法和见解；而新加入科普团队的教师虽然有部分教师是第一次教校园科普，但在自己的学科上却是任教多年、经验丰富的老教师，他们对学生活动的组织能力、课堂的控制能力都很强，对校园科普这样以学生活动为主的课程教学能很快进入角色。还有一些教师是新入职、刚就业的新教师，他们虽然经验不足，但贵在虚心，善于学习。因此，经过几年的发展，校园科普教师团队形成了更加合理的梯级结构。

（3）教师团队的学科功底更加深厚。科普教师在学科上主要由生物、地理、物理教师组成，学科的知识背景偏于自然学科，对目前的选题能更好地理解和把握。同时，科普课程也吸引了近几年新入职的高学历教师加入，他们都是毕业于名牌大学的硕士生和博士生，有着丰富的学科知识和钻研精神，更重要的是他们富有热情且头脑灵活，提出了很多有创意的想法。高学历教师的加入，不仅提高了科普团队的整体学科素质，同时也让这个团队更富有活力。

（4）教师团队的教学相长。校园科普课程是有别于一般学科教学的活动课程，需要教师有较强的活动组织能力和辅导能力，既控制全局，又关注细节。为了激发学生的兴趣，让更多的学生参与，教师可以说是想尽办法，提出和实行了许多有效的措施，例如，为了调动学生参与的积极性，教师组织了分组后的“小组宣言”活动，增强小组的凝聚力；为了在教学过程中顺利实施每个环节，教师探索了过程性评价体系，为不同表现的学生记录不同的星级，在小组活动中发讨论记录表、学生自我评价表等，通过教师评价、同伴评价和自我评价促进学生的参与；为了在最后的展示阶段能够漂亮地亮相，教师和学生一起要进行多次的修改、演练等。在这样过程中，不仅学生在成长，教师的能力也在提升，一个个具有创新意识的好点子在备课研讨中被激发出来，同时，因为每个教师负责的都是跟自己学科相关的课题，对课题的辅导也让教师对自身学科的内容有了更深入的了解。可以说，教学相长在这里得到了最好的体现。

（5）形成了校本研发团队的工作机制。课程的开发是艰难的，既需要学校领导的大力支持，更需要教师团队的身心投入与付出。“校园科普”课程开发的过程也探讨出了一个校本课程研发的工作机制模型。

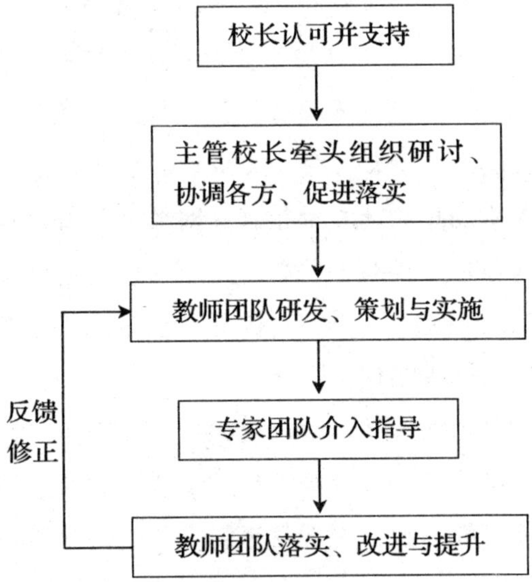

三、学生的收获和进步

一门好的课程，学生是最大的受益者。“校园科普”课程开设至今将近4年，共进行了八轮实验，有70个教学班将近3000名学生参与、体验这门课程。

在课程结束后，学生的收获和变化主要体现在三个方面：

（一）学会了筛选信息，培养了科学素养

网络信息时代，从网上能轻而易举地收集到海量的相关信息。教学生如何在繁杂的信息中正确地把握事实，甄别、筛选出与自己课题密切相关的、科学正确的信息是这门课一个重要内容。这主要体现在学生独立制作科普报道稿的阶段。

对于制作科普报道稿，教师仅提出了关于字数的大概要求，而对于科普报道稿的形式、排版、色彩等都没有规定，学生发挥自己的创造性，一开始对“科普报道稿”毫无概念，最后在同学互助、教师指导下制作出了图文并茂的报道稿。在这个过程中，许多学生都经历了将 5～6 页甚至更多的网络资料压缩到 3～4 页，再进一步压缩到 2 页，最后变成 1 页的过程，而且还要添加图片，让稿件变得图文并茂。当这个过程完成时，学生对信息的筛选、压缩，重新编辑成文的能力得到了很好的锻炼和提高。

正如有学生对教师的感慨所言：“当初您让我把 12 页的资料压缩到 1 页时，我觉得根本不可能完成，可当我最后真的删到 1 页时，我觉得自己好伟大啊!”

在信息的筛选中，学生学会的另一件事就是鉴别信息来源的科学性。他们尽可能从专业网站或书籍中获取信息，而不盲目信从网站上的信息，培养了科学严谨的基本素养。

学生感言：“现在想起来，我在不知不觉中追求着科学家应有的严谨作风，科普专家应有的科学浅显易懂、引人入胜的本事和演讲家应有的语言功底。我不敢说我真具备了这些，但我想通过校园科普这个窗口，我至少将自己的语言能力、探究能力、组织能力、演讲能力这种种能力都提升了不少，同时意识到以科普的形式传播科学并不是一件容易的事。想一想自己的成就和赢得的掌声，心中会升起一股自豪情和成就感。”

（二）学会了团结合作，努力争取成功

通过这个课程，学生更加深刻体会到“团队合作是成功完成任务的重要方式”。全班 8 个小组，由责任心强的组长带领、组织组员参与每个活动环节，

同时通过组间及组内的评价，小组成员之间互相监督，互相帮助，互相促进。小组在第一次课上的集体亮相就是团队合作的开始。在小组宣言这个环节，各组用不同的方式来表达本组的优势、特点，还给小组起了响亮的名字，形成自己的团队。之后的几次课上，用小组讨论、派代表向全班汇报的方式给组内每个人展示的机会。制作展板、幻灯片，准备演讲稿更是小组合作共同完成的。在这样的过程中，学生学会倾听和尊重别人的意见，懂得了沟通的重要性。

正如初二 13 班的许文睿说的："在校园科普课后半学期准备演讲的过程中，我主要的任务就是修改 PPT 和演讲稿，在这个过程中，我体会到了合作的重要性。在修改期间，经常有很多有分歧的地方，而为了解决这些问题，就需要组员之间不断沟通。我并不是一个喜欢与别人交流的人，但我发现随着工作的继续我十分有必要接纳别人的想法、与他人合作。在合作的时候，虽然分歧多，但只要大家都是为全组着想，进度、质量也就都提高了，虽然意见不同会使改动更加频繁，但新的创意也正是在这一次次改动中出现的。如果没有全组的合作，就不可能有我们组演讲的成功。"

对此，许多学生都有同样的感受：

"校园科普让我们懂得了更多的知识，学会了团结。"

"我觉得它让我知道了想要获得成功，团队的配合和个人的拼搏是缺一不可的。"

"（印象最深的是）上课一起做展板。我做的不算多，但是每个人做一点，合在一起就是一个非常好的展板，我觉得挺好的。"

"准备最后展示的阶段印象最深。这个阶段有同学的合作，大家有目的地去干，有组长的组织管理，组员一起干活。我比较喜欢参与这种同学之间有交流的活动，团队一起干活比较有意思。"

"知识我几乎都了解，因为我本身在我们班属于知道得比较多的，但是写展板、上台演讲，以前从来没有干过，这是锻炼。尤其是写展板、和同学交流这部分。这门课最大的优点就是让你学会合作，这点其实挺难的，尤其对于现在的独生子女。"

（三）学会了科学表达，勇于展示自我

"校园科普"强调要激发学生的参与感和成就感。因此，课程在组织的许

多环节中都留下了足够的空间，给学生展示自我的机会。

科普报道稿的班级交流是学生的一次重要的表现自我的机会，通过老师的指导、同学的点评，学生注意到了演讲的声音、站姿甚至与观众的眼神交流对演讲的效果有着重要影响，一些学生还因此注意到了一些平时不知道的下意识的小动作，如演讲时身体无意识地轻轻摇晃，无用的手势过多，习惯背对观众等。也许一些不好的演讲习惯并不能一下改正过来，但这门课对于学生的长远发展来讲无疑是有价值的。

课程最后的科普汇报展示活动更是体现出了学生的创意和能力。他们制作的幻灯片在清晰展示主题内容的同时，还排版清楚，色彩搭配合适，并且形象生动，配有大量的图片甚至音乐，在保证科学性的同时兼顾艺术性和趣味性。而学生的演讲也反映出了他们对知识的熟练掌握以及“传播科学”的能力。

初二 11 班王辛垚：“通过这学期新开设的校园科普课，我们获得了许多新的知识，开阔了眼界，培养了对科学的浓厚兴趣，同时也增进了团结互助。刚接触这门课的时候，我也曾有过困惑和恐惧。为什么要开设这门课？站在大家面前演讲多紧张啊。随着课程的推进，我惊奇地发现，自己以前学的生物知识用上了，我对传染病的了解更深入了，我不再害怕站在舞台上，我还得了一个三等奖，心里比吃了蜜还甜。这门课唤起了我对科学的兴趣，真是太成功了！”

初二 13 班赵子轩：“学期初，我了解到这学期将开设一门新课——校园科普，既新奇，也很兴奋。一个学期的学习中，有独立制作时浏览文章图片的迷茫与没有头绪，更有努力后做出一份精美小报的满足；有与同学合力准备演讲时一遍遍试讲、改稿的紧张与辛苦，更有站在台上受到专家表扬时的幸福与喜悦。最后，我想说的是：我爱这门课程。”

学生：“这个课挺能锻炼我们的综合素质的，除了书本上的知识以外还能学到其他的东西，其实能力比知识更重要，长大以后没人会考你那些知识，就主要靠你的能力。多了解科普知识对今后的学习还有和大家交流都有帮助。”

学生：“我觉得一个星期应该多开几次，这个课不比那些主课次要，我觉得它还是挺重要的。保护濒危动物的意识人人都要提高。”

学生：“我永远不会忘记校园科普给我带来的美好记忆。”

总之，在人大附中的科普课堂上，学生不仅有效提升了综合能力，而且也在潜移默化中培养了自己的科普意识。由最初在台上的拘谨、紧张，到后来经过多次试讲演练后在专家及上百名学生面前落落大方、自信地演讲，这种体验和收获对学生而言是一种财富。

四、学生作品案例

校园科普旨在培养学生“关注科学、热爱科学、传播科学”的精神，提升学生收集处理信息等多方面能力及团队合作意识，而异彩纷呈的学生作品正是具体表现。在一学期的课程中，学生需要制作的有科普报道稿、展板、演讲稿和配套 PPT 以及学生创意作品等。经过近 8 轮的实践，我们积累下来大量的学生作品，其中科普报道稿 2600 余份，展板 60 余套，演讲稿和配套 PPT60 余份，学生创意作品若干份。下面展示的就是其中的部分优秀作品及作品背后的故事和教师点评。通过学生作品，我们能看到学生在筛选、浓缩信息、进行科学表达以及设计制作方面的长足进步，从作品背后的故事中，我们能读出每一份作品背后学生、教师付出的很多努力及他们得到的多方面的锻炼和提升。

（一）作品 1

1. 作品背后的故事

这篇科普报道稿的构思是我在搜索图片时忽然想到的。当时，我想找一张简单明了的图片来向大家讲解什么是体细胞克隆，但我在网上却只找到了关于小羊“多利”克隆过程的图片。众所周知，“多利”的身世涉及 3 只母羊，而且其中的过程较为复杂，并不好理解。所以，在一番搜索未果后，我决定要用最简单的图形和最少的步骤亲手描绘出体细胞克隆的全貌，并以我最感兴趣的濒危动物为主题进行更深的讨论。但当我真正开始制作时，我才发现可写的东西并不多。要想不和其他同学重复，还必须找到新的论点。通过一段时间的学习，我发现了克隆并不像我们想象得那样万能，仍有许多问题是克隆也无法解决的。于是我眼前一亮，从克隆在拯救濒危动物方面的局限性入手，以我自己的思考和观点重新设计了我的科普报道稿。最终，经过几节科普课的制作，我

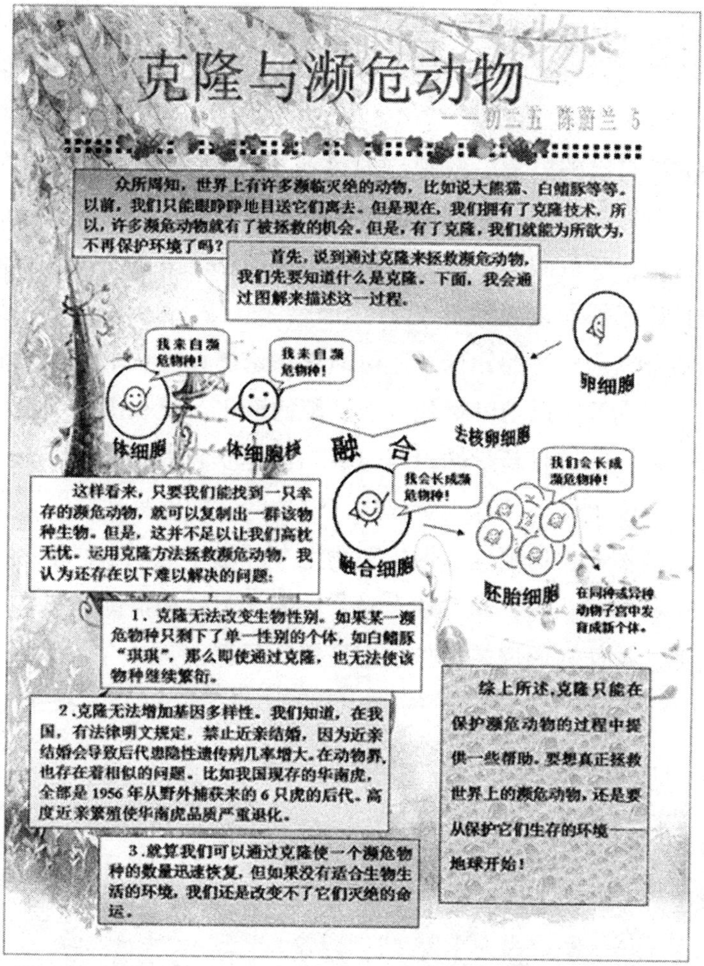

克隆与濒危动物

——初三五 陈蔚兰 5

众所周知，世界上有许多濒临灭绝的动物，比如说大熊猫、白鳍豚等等。以前，我们只能眼睁睁地目送它们离去。但是现在，我们拥有了克隆技术。所以，许多濒危动物就有了被拯救的机会。但是，有了克隆，我们就能为所欲为，不再保护环境了吗？

首先，说到通过克隆来拯救濒危动物，我们先要知道什么是克隆。下面，我会通过图解来描述这一过程。

这样看来，只要我们能找到一只幸存的濒危动物，就可以复制出一群该物种生物。但是，这并不足以让我们高枕无忧。运用克隆方法拯救濒危动物，我认为还存在以下难以解决的问题：

1. 克隆无法改变生物性别。如果某一濒危物种只剩下了单一性别的个体，如白鳍豚“琪琪”，那么即使通过克隆，也无法使该物种继续繁衍。

2.克隆无法增加基因多样性。我们知道，在我国，有法律明文规定，禁止近亲结婚，因为近亲结婚会导致后代患隐性遗传病几率增大。在动物界，也存在着相似的问题。比如我国现存的华南虎，全部是1956年从野外捕获来的6只虎的后代。高度近亲繁殖使华南虎品质严重退化。

3.就算我们可以通过克隆使一个濒危物种的数量迅速恢复，但如果没有适合生物生活的环境，我们还是改变不了它们灭绝的命运。

综上所述，克隆只能在保护濒危动物的过程中提供一些帮助。要想真正拯救世界上的濒危动物，还是要从保护它们生存的环境——地球开始！

科普报道稿——人大附中分校2010级初中5班　陈蔚兰

完成了我的设想。之后的一段时间，我又在老师和同学的建议下进行了不断的修改和完善。在这个过程中，我体会到了探索知识、讨论问题的乐趣，也感受到了同学之间相互帮助、共同学习的重要。当那“历经磨难”的报道稿修整完成时，我相信我和我们小组的成员都收获了知识、喜悦和更深的友谊。

（学生：陈蔚兰）

2. 教师点评

（1）实现了生成性学习。学生根据对体细胞克隆过程的理解，自己画出了一幅用克隆方法拯救濒危动物的图解，使得整个过程生动、形象地表达出来。通过这个图解，我们可以看到，每处标注都准确无误，体现出这位同学对体细胞克隆过程理解得十分到位。

(2) 融入了自己的思考。教师给的讲演文及参考条目中重点在肯定和展望，克隆技术对保护珍稀、濒危物种来讲是一个福音，可能成为濒危物种延续种族的唯一希望。这位同学能够另辟蹊径，想到了运用克隆技术拯救濒危动物的局限性，且论述得非常深刻。

(3) 能结合以前学过的知识。这位同学在论述克隆技术拯救濒危动物的局限性时，能联想到我们以前学过的近亲结婚的危害，反映出她头脑中有着清晰的知识结构体系，能够将新学知识与原有知识建立起内在的联系。

(4) 一定程度上体现了社会责任感。这位同学能够另辟蹊径，想到用克隆技术拯救濒危动物存在局限性，保护动物生存环境才是根本，体现出她平时就具有保护生态环境的意识。通过这次科普课的学习，相信她能够将自己独到的见解传递给他人，使人们增强保护生态环境的意识。

（指导教师：杨航）

(二) 作品 2

展板制作“该给地球退烧了”（人大附中 2010 级初中 9 班）

1. 作品背后的故事

在我教过的校园科普班级中，2010 级初二 9 班学生的展板制作是最曲折的，展板组的成员们在展板设计上历经了无数次推翻和重来，每一次进步都来之不易。

在最初的展板设计中，他们一开始就不能形成一致意见，甚至有两个学生退出展板组，自己组成自由创意组，根据自己的喜好来设计展板。也因为不能达成一致意见，4 个展板组决定自己设计自己的展板样稿，但当 4 个样稿放在一起时，大家又都不满意了，觉得风格不够协调，不够大气。于是，他们一致同意把设计任务交给一位擅长绘画的女生，让她把 4 个展板连在一起设计，于是终于出现了一个大家认可的版本。

学生把 4 块展板连在一起，贴上白纸，画一个大地球，计划涂上由浅蓝到深蓝的渐变色，代表深邃的宇宙，为了测试效果，先涂一块展板做试验。当他们真正开始后，才发现色彩如此难调，每画上一笔，都呈现不同的色调，很快一个展板便出现深浅不一、凌乱无序的色彩，更糟的是，纸沾水后变皱了，于是试验失败，还报废了一张底板白纸。

有同学提出不用水彩，改用广告用的油彩，于是第二次试验开始了，这回他们在一张小 A4 纸上先测试，结果是纸不变皱了，但色彩的渐变效果却很难呈现，涂上的色彩依然非常杂乱，很不美观，显然第二次试验又失败了。就这样在来来回回的试验中，两个星期过去了，4 块展板依然空白。

展板组再次坐在一起，展开了又一次的方案讨论，大面积地涂色做背景被证明是不可行的，达不到预想的效果，怎么办？又有学生提出，干脆换底色，用黑色来表示宇宙。“啊，那贴上的白纸怎么办？撕掉多可惜。”“可以用来做草稿。”其他学生也表示同意，认为在黑色底板上搭配色彩更容易，于是又有了一次颠覆性的改变。原来白色的底纸被换成了黑色，4 块展板的底部连在一起绘上一个蓝色的地球，每块展板根据自己的主题设计相应的小图画，如融化了的冰山上的企鹅、北极熊等，“那色彩呢？”“试试彩色粉笔。”就这样，经过数次的反复、失败、重试，全新的 4 块展板才终于逐渐呈现出来。

凭借着独特的底色、对比鲜明的色彩搭配、栩栩如生的彩色粉笔画，还有用整齐潇洒的字体介绍的气候变暖的主题，9 班的展板在最后的板报评比中荣获了一等奖。当获奖消息传到班里，学生沸腾了。

（指导教师：韦小宁）

2. 教师评语

这是一群有创意、有热情又富有个性的学生，在整个展板制作的过程中，除了最初的展板内容要求和建议外，教师几乎只能做一个旁观者，我看到他们热烈地讨论甚至争辩，由最初的意见不合到统一风格，然后又在一次一次的尝试和失败中去寻找更佳的办法，他们的创作之路看上去总是有意料不到的困难，但我也看到了这些学生不折不挠的毅力，看到了他们越来越团结、越来越具有合作精神，看到了他们的责任心和班级荣誉感，我想这些正是我们这个课想要去培养的目标。最后他们获得了一等奖，这不仅是对他们作品的评价，同时也是对他们整个制作过程表现出的合作精神的最好奖励。

此外，还想说的是，9 班最后完成的展板其实并不止 4 个，还有一个小展板，是由最早退出展板组、独立创作的两位女生完成的。她们用铅笔很巧妙地晕染出了中国山水画的风格，完成了一幅很典雅的板报，非常独特。她们还用劳技课上的工具为小展板制作了一个立式的木框架，形成了 9 班的第五块展板。她们的创意和动手能力让人惊叹。

（指导教师：韦小宁）

（三）作品 3

第一部分，草原今昔。

“极目青天日渐高，玉龙盘曲自妖娆。无边绿翠凭羊牧，一马飞歌醉碧霄。”一望无垠的草毯绿毡，苍苍茫茫的蔚蓝天空；大雁与马儿齐歌，蝴蝶与野花共舞，悠扬的马头琴声在寂静的草原上空飞扬……诗人美丽的语言仿佛带领我们走进了那亦真亦幻的草原，带领我们走进了一个辽阔而壮美的梦。

梦中的草原是那样广博。在祖国 960 万平方公里的土地上绵延分布着 3.9 亿公顷的辽阔草原，这仅次于澳大利亚，居世界第二。它们主要分布在西部和北部地区，是中国面积最大的生态屏障和牧民赖以生存的资源。

梦中的草原是那样无私。她蕴含着无数珍贵的动植物资源，例如，内蒙古草原上有国家重点保护动物近百种、兽类百余种、鸟类 380 余种、两栖爬行类 30 余种、野生鱼类 90 余种、重点保护植物百余种、野生植物 2800 余种，更不用说每年将近 10 亿吨的鲜草产量以及分布广、种类多、藏量大的中草药宝库。而这些她都毫不保留地献给人类。

梦中的草原是那样慈祥。她像一个慈母一般，呵护着草原人民，她能够调

科普报告“我们的草原怎么了”（人大附中 2007 级初中 13 班）

节气候、防风固沙、涵养水源、保护水土、美化环境、净化空气、防治公害。肥沃的草原让无数牛羊骏马尽情奔跑。对于游牧民族来说，那些肥美的草场，犹如天神赐予的礼物，有了这些草场，他们就能繁荣昌盛。

是草原哺育了草原人民，造就了草原文化，实现了草原之梦。

然而在今天，那个梦已残缺不全了，它被泛滥的鼠害蝗灾糟蹋得面目全非，被漫天的沙石侵袭，又被荒漠上咆哮的大风吹得“体无完肤”。请和我一起目睹今日的草原。

目前中国 90% 的可利用天然草原有不同程度的退化。其中退化、沙化、碱化草原面积已达 13500 万公顷，并且每年还以 200 万公顷的速度增加。天然草原的面积每年减少约 65 万～70 万公顷。茫茫沙海正在无情地吞噬我们珍贵的草原。

你一定会问：面对那渐行渐远的草原之梦，我们如何才能挽留住她的脚步？到底是什么原因使得维系千年的草原生态平衡被打破？退化的草原还会带来什么危害和后果？下面，其他几位同学会为你一一解惑，让你不仅热爱草原，更能了解、熟知草原。

（演讲人：王安迪）

第二部分，草原退化的原因。

目前中国 90％的可利用天然草原已不同程度地退化，那么，造成这种现象的原因是什么呢？

造成草原退化的原因是多方面的，有自然因素，如全球变暖带来的影响，但更主要的是人为因素。这其中，有几个突出的原因。下面我们就来一起探寻为祸草原的“真凶”。

在人为因素中，致使草原退化的第一大真凶是“过度开垦”。

随着人口的增加，人们对粮食的需求越来越多，这使得农牧民盲目毁草开荒种粮，但开垦的草原主要是靠天吃饭，每亩耕地一年收获一百多斤粮食，遇到干旱的年份，每亩也就产几十斤粮食甚至颗粒无收。不仅如此，因我国草原多处于半干旱和干旱气候区，土质多为沙质，结构疏松，生态系统脆弱，草原被开垦后，因植被破坏，土壤失去保护，多引起严重风蚀，富含有机质的表土被吹走，形成沙丘。经过短期耕种，大部分土地严重沙化、退化。现在开垦的草地已有 1400 余万亩被撂荒，占总开垦面积的 49％。

在人为因素中，致使草原退化的第二大真凶是“超载放牧”。

在一定条件下，一定面积的草场只能供应一定数量的牲畜。如果无限制地过分频繁地超载放牧，就会使草丛变得愈来愈矮。牲畜过分“践踏草坪”也会使土壤过于紧致，导致透水性、土壤性状发生变化。国际规定干旱草原每头家畜应占有 5 亩草地作为临界放牧面积，而目前中国牧区的草原平均超载 36.1％，荒漠化地区草场牲畜超载率为 50％至 120％，有些地区甚至高达 300％。放牧是以草场中可食性牧草再生能力为基础的。超载放牧尽管在短时期内增加畜产量，但必然导致草场质量下降，最后使畜牧业生产不能继续维持。这种只顾眼前利益不考虑长远发展的做法是草原退化的重要因素。

第三大真凶就是“无度樵采”。

看看这些草，这是牧民用来冬天喂养牲畜的。另外一户五口之家的牧民，每年烧柴就要破坏 40 亩的天然植被。同时，草原数千种的植物中有大量是有名的中草药，如黄芪、甘草、麻黄、柴胡、防风、知母等等，这些中草药大部分是以根入药，因而要采集它们必须挖根，要挖根就要破坏草原。而且大部分采集者在挖根后都会留下一个深坑与一堆松土。挖的坑多了，破坏的草场就大了。据估算，挖一公斤甘草就要破坏 5 平方米以上的草地。频繁采集不仅会破坏这一资源本身，也会给其生存的草场带来不利影响。

说到这，相信大家已经基本了解草原退化的主因了。人类啊，不要一味地只顾满足自己的欲望而无所顾忌地向草原索取，草原的自动调节能力是有限的，当人类的活动超过这个限度势必会影响草原生态系统，进而最终影响到人类自己。

（演讲人：熊芊芊　于泽来）

第三部分，草原退化的影响。

说起草原退化的影响，大家可能觉得离我们很远。其实草原退化时时影响着我们的生活，现在就从与我们关系最密切的方面开始谈起。

(1) 对自然环境的影响。大家一定对几年前频繁袭击北京的沙尘暴、浮尘天气记忆犹新吧？风沙和浮尘带来大量有害物质，造成严重的空气污染，给人们的生活带来极大困难。

一次大的沙尘暴可以让上千万吨浮土远距离大搬家，沙尘遮日，白天伸手不见五指。那么，这么多的沙尘是从哪来的呢？

大家看这个土堆，植物原本生活在这里，它的根系长在这儿（指图），周围的土呢？由于人类长期不合理的开发利用，使得草地严重退化，有机质含量与含氮量降低，同时造成表层的土地沙化，沙粒细小，60%以上的沙粒小于 0.25 毫米，这样的沙粒很容易被风吹走，为沙尘暴提供了大量的沙源。草地沙漠化还会导致各种自然灾害的发生。如由于积雪过少或无积雪时牲畜缺乏饮水而遭受的“黑灾”与草原被过厚的积雪覆盖使放牧无法进行的“白灾”都有逐年递增的趋势。

(2) 对生态系统的影响。严重退化的草地，其植物群落的高度、盖度明显下降，植物种类贫乏，生物多样性降低，栖息在草原上的保护动物如野骆驼、蒙古野驴等在草原上基本绝迹或濒临消亡，这种单花郁金香也已经消失（指图）。

生物多样性的丧失，影响了生态平衡。大家看看这只可爱的小老鼠，肯定不会想到它会危害草原。的确，正常情况下鼠类在草原生态系统中是不可缺少的一员，它们取食草原植物，是初级消费者，而本身又是很多小型食肉动物的食源。只有当它们的数量增多，超过一定阈值，对草场形成危害时才称为草原鼠害。正是由于长期不合理的人类活动与气候变化共同作用使草地退化，而退化的草地主要为某些有可能恶性发展并导致灾害的啮齿动物提供了好的生存环境：首先是稀疏低矮的植被和比较宽阔的空间。其次是食物来源，因为退化的草地上大片生长的藜科和蔷薇科植物是鼠类的最爱。因此加剧了有害并可成灾的鼠类的发展，使本已退化的草地加速退化。这是恶性循环的过程，即连续过度放牧→草地退化→鼠害加剧。

(3) 对经济发展的影响。同学们吃过牛羊肉，而且也几乎每天都要喝牛奶。那么草原退化会不会影响牛羊肉和牛奶的产量呢？答案是肯定的。

草原退化使得优良牧草的数量大大减少；杂草和有毒有害植物却大量增加。草地植被的这种变化势必会使生产力下降。打个比方，本来 1 公顷可以养一只羊的载畜能力降低到几公顷才能养一只羊。近年来，草原上羊的体重就明显下降（表）。牛奶产量也降低了很多，“每天一斤奶，强壮中国人”的梦想似乎离我们越来越远。

草原退化的影响是多方面的，它不仅直接影响草原人民的生活，同时也会影响我们大家的生活，所以治理退化草原势在必行。

（演讲人：谢璇）

第四部分，治理草原的措施。

甲：风萧萧兮易水寒，草原一去兮不复返。

乙：不知赵兄为何发出如此感慨？

甲：我上次来草原，看到一片美丽的景象，而如今，草原却都生病了。

乙：生病了？

甲：是呀。你看，以前美丽的草原变成了无边的沙漠，鲜嫩的牧草被牛羊无法嚼食的杂草代替，这草原可病得不轻呀！……沈兄，听说你医术高明，来给这草原治治病吧。

乙：医术高明不敢当，但为草原治病一事，我自然是义不容辞。

甲：那你看草原该怎么治呢？

乙：既然是治病，当然要对症下药，对于不同程度退化的草原，要有不同的治理方法。

甲：那你看这片草原土壤严重沙化，地表裸露，长着各种杂草，没有牛羊，反而有很多大老鼠，这样的草原应该怎么治呢？

乙：这些草原属于重度退化、沙化的草原，我这里正好有一盒药适合它，叫做围栏封育。

甲：围栏封育？

乙：严重退化与沙化的草地，其环境也十分恶劣，一般改良措施很难奏效，或者经济上很不划算。这就要实施围栏封育。

甲：有道理。那什么是“围栏封育”呢？

乙：所谓围栏封育，就是把草场用水泥柱、铁丝网围起来，不让区域以外的牛、羊、马进去，也不让其他闲杂人员随便进入，绝对禁牧，让草原得以安静地休养生息。

甲：那禁牧期有多长呢？

乙：至于禁牧期的长短，要由草原管理部门调查后确定。

甲：如果禁牧区内有人居住又怎么办呢？

乙：如果禁牧区较大，在禁牧区内有牧户居住，就要采取措施，对这些牧户实施短期迁出，另行安置，待禁牧期一过，草地恢复，再根据草畜平衡原则进行有限制的利用。

甲：原来如此。那再看这片草原，虽然不像刚才那片草原退化得那么严重，却也有一定程度的退化，这又该怎么治呢？

乙：这属于轻度、中度退化的草原，我这里还有一盒药适合它，叫做适度放牧。

甲：怎么才称得上适度放牧呢？

乙：对轻度、中度退化的天然草地，要科学合理利用，认真保护，保证草畜平衡，防止超载过牧，对草地上牲畜的数量要控制，这便是适度放牧。

甲：我听说有些地方还实行了轮流放牧的制度，这一定也是一种好方法吧。

乙：对，此外，如条件许可，还可根据草地的特点，采取一些如松土、增施肥料的改良措施。只要措施得当，也可收到较好的效果。

甲：这样它们的病一定会很快痊愈的。看，这还有一片依旧丰美的草场，牧民们都在这里放牧呢，它虽然还很健康，但也得打打预防针吧。

乙：当然了，对于未退化的草原，要在合理利用的同时认真保护，防止其退化。

甲：不过我看导致草原退化的罪魁祸首还是超载过牧，要治理退化的草原，放牧方法一定要有所改变，应该逐渐改变粗放的管理形势，不能再是大自然长什么草，我们就吃什么草，而应该因地制宜地建立不同比例的人工草地，增加饲草，帮助草原休养生息，走现代化放牧的路，让草场得以循环利用，同时使草原发挥更多的作用。

乙：希望我们的草原能尽快恢复往日的生机。

甲：再去草原，必定又是一片壮美景象！

（演讲人：赵子轩　沈澈）

1. 作品背后的故事

综合楼四层报告厅曾经举办过无数次专家报告，这些报告的报告人从研究员到院士，都是科学工作者。而今天，在这里做报告的是我们自己！2009 年 6 月 11 日，同学们身着制服，激情洋溢地进行了科普汇报演讲。别看我们准备的时间只有后半学期的 7～8 次课，但在老师的指导下，每个同学的演讲都紧扣自己的课题，内容充实，层次清晰，幻灯片制作精美，不光如此，大部分演讲者在几百位听众前都能做到语言流畅，仪态端正，真有点科普专家的风范呢。同学们的精彩演讲博得了听众热烈的掌声和评委老师的一致好评。但一天辉煌的背后是整个学期的努力，我愿与你分享校园科普展示背后的故事和收获。

在学期一开始，老师为我们做了开题导引，让我们对选题有了大概的认识，随后要求每个人制作一篇科普报道稿，这样我们就算入了门。之后全班分成了四组，每组又领到了一个分课题，我们是“草原今昔”。接下来的几周我们就忙开了，每组分成两小组，一组做展板，一组准备演讲。作为演讲人，我要组织大家查阅各种资料。经过讨论，小组内很快明确了各个工种：负责查资料找图片的“侦察兵”，负责做幻灯片的“后勤兵”，整合文字的“运输兵”和我这个在台上做最后演讲的“先锋队”，当然还有“总司令”张老师。我们便真像一个部队一样各司其职，紧密配合，每个人都是不可或缺的重要分子。由于分工明确，效率也很高，集合了集体智慧的演讲稿和幻灯片出炉了。在这个过程中，我体会到了团队的力量与合作的快乐。

接下来就是不停地练习，多少次在镜子前看着自己纠正面部表情，多少次反复琢磨语音语速，多少次一个字一个字地改正，使演讲更加顺畅，多少次与孟繁朝一起练习幻灯片与文稿的配合，甚至要做到卡秒切换幻灯片……在这个过程中，为了不辜负所有人的期望，为了让同学的成果以最好的状况呈现给听众，我努力做到完美。现在想起来，我在不知不觉中追求着科学家的严谨作风、科普专家让科学浅显易懂、引人入胜的本事和演讲家应有的语言功底。我不敢说我真具备了这些，但我想通过校园科普这个窗口，我将自己的语言能力、探究能力、组织能力、演讲能力等都提升了不少，同时意识到以科普的形式传播科普并不是一件容易的事。想一想自己的成就和赢得的掌声，心中会升起一股自豪之情和成就感。我永远不会忘记校园科普给我带来的美好记忆。

这些便是我的校园科普经历和真情实感。也许我日后不会做与科学或科普相关的工作，但是在附中体验的校园科普课程为我带来的各种提升和进步必定使我终身受用，因此我要感谢所有帮助和支持我的同学、老师、家长，感谢你们！

在接下来的日子里，“校园科普”这门课程将继续在初二年级开展，希望同学们都能在其中收获乐趣、增长知识、提升能力，相信优秀的你一定能让校园科普的鲜花在附中的沃土里绽放出更加绚烂美丽的花朵！

（学生：王安迪）

2. 教师点评

“无边绿翠凭羊牧，一马飞歌醉碧霄”，配乐诗朗诵将我们带到曾经美丽的大草原，然而如今的草原植被减少、严重沙化，强烈的对比震撼着在场的每一个听众。由一公顷养一只羊变成几公顷养一只羊，同学们看到了动画片中的喜羊羊变成了爱哭的美羊羊，形象直观地理解了制作者的用心。用图表方式呈现草原退化带来的影响一目了然，很具说服力。最后以给草原治病、开药方的方式提出治理措施也非常有新意。用学生自己喜欢的方式呈现选题、表达观点，又不失科学性，这样的科普报告学生爱听、爱看，而且会印象深刻，记忆长久。

（指导教师：张冬梅）

（四）作品 4

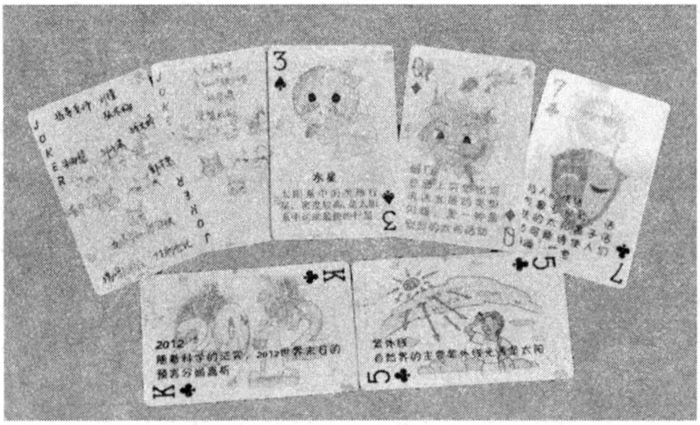

创意作品“太阳风暴”主题扑克牌
（人大附中 2009 级初中 9 班）

1. 作品背后的故事

（1）提出创意

作为科普活动课程的自由创意组，我们创作科普展示作品的宗旨就是：我们的作品应该是既能够宣传太阳的基本知识，同时又具有实用性，即让同学在使用的同时获得科学知识。在我们五个人的小组中，两个人是“绘画天才”，在第一次科普课上，我们就决定我们的作品要以扑克牌的形式呈现。扑克牌不仅涉及计算、统筹、配合等方面，在使用的过程中玩家还会不断地看扑克上的内容，一些基本的科学知识自然就能够潜移默化地被普及了。

由于扑克牌的花色等条件的限制，我们决定对所涉及的科学知识内容进行分类，经过讨论和整理，最终确定了文字和绘画的内容。

（2）绘画创作

我们小组五个人的分工是两人负责绘画，两人负责文字，一人负责后期工作。

绘画工作首当其冲，两个比较明显的难题是构思与绘画。

首先需要确定绘画的具体内容。扑克根据花色分为四部分，我们的画也必须涉及四个不同的方面。经过讨论，我们将绘画内容分为四个部分——“太阳的常识”“太阳的一生”“太阳对地球的影响”以及“太阳系”，每个部分又分为引子和十二个小部分。

其次是设计。除了常识部分，每一张画都需要独特的构思。太阳不同的“影响”需要不一样的表现手法，太阳系中不同的行星也要有各异的造型。当时拿到分配的内容，负责的同学有些看了一眼就非常有灵感。如“后羿射日”构思很简单，为了画得有趣一些，让太阳痛哭着做“举手投降”状，我们力争使每幅画面都生动一些，这是我们的主体风格。当然因为第一次做这样的创作，我们也紧张，所以向大家征求了不少意见。

当然，我们也难免有灵感枯竭的时候。如在“太阳与人的情绪”中，开始拿到题目时，负责的同学就觉得很抽象，因为这个问题本身就和磁场、太阳黑子有关，而那些又是很抽象的东西。我们还遇到对选题了解不深入的问题，于是组长为大家推荐了一系列纪录片，提供了很大帮助，“太阳与光合作用”的灵感就出自纪录片中。

工作的进展并不如想象得顺利。很快我们发现，每人在一节科普课的时间只能完成一到两张扑克牌的设计，这样下去是不能及时完成任务的。我们不得不占用课下的时间赶稿、找灵感。

时间过得很快，离交稿时间只剩十几天了，我们完成的竟连一半都不到。那几天里，我们几乎从早到晚构思着画作的内容，每天都画到很晚，画得手腕酸疼，但又不敢有丝毫懈怠。最后，我们终于在交稿的截止日期前完成了！

经历了一番辛苦，我们终于看到一个个独特精致的场面、一个个生动活泼的形象在自己笔下被制成扑克牌被大家观赏，立刻感到前面我们经历的坎坷都是值得的。不经历风雨，怎能见彩虹？

（3）文字整理

收集完资料后就是资料的整理与编辑。收到了扫描后的图片，我们先一项一项地将图片所画的内容进行分类，并用幻灯片列出编辑的顺序，然后仔细阅读所有的相关资料。我们原以为将每一张牌所对应的文字总结成50字不是一件难事，然而在真正动笔的时候，头脑中的资料却一片混乱，资料的庞大与分散经常让人找不到重点所在。我们还是潜心将资料又细细地读了一遍，并删其赘余，取其精华，精挑细选，突出重点。慢慢地我们终于将每一张的资料都精简到50字，并用自己的话概括出来。让我们最头疼的还不是对于大量资料的处理，而是资料匮乏。在星际气体那一张牌的制作上，大家花费了很多心思，却找不到合适的资料，最后还是从视频资料中把有关星际气体的那段解说词都录下来，再做筛选，才完成了那张扑克牌的编辑工作。

（4）联系厂家制作

设计完成了，最后的工作就是把我们的设计稿变成真正的扑克牌。我们通过互联网选好了一家店，当晚负责的同学就与厂家联系。这家店在网上的评价很高，可是店主总是深更半夜才上线，为此我们不得不等到夜里12点。联系过程中，我们先询问要制作扑克牌需要多长的时间。因为之前联系好的厂家已经说定了却又突然变卦，结果导致制作时间很紧张，所以这次我们先问时间后商量其他细节。听说四五天就能做好并送到，我们就开始跟人家商量价格和制作要求，最后还算是合作愉快。

等一切事宜都商量好之后，我们付了钱，等待货到。最终的成品制作很是精美，效果很好。我们大家都非常满意。

其实，如果想完美地做成一件事，首先就应该把自己负责的工作做好。如果每个人对待自己分内的工作一丝不苟，就一定可以圆满地完成任务！

（学生：邱子淇　司雨慧　郭芊惠　董唯瑶　战文婷）

2. 教师点评

当这一组的学生们把她们的作品拿给我看时，我心中激动得就像我自己参与完成了这份作品一样。

校园科普课程已经开设了三个学年，科普展示活动也已经举行了6次，可是像扑克牌这样的创意作品还是第一次出现。这个小组由五位秀外慧中的女孩组成，平时她们在我的眼里是聪明、乖巧、有主见的。在校园科普课上，她们的创意又一次让我眼前一亮。科普，这个在一般人看来很严肃的任务被她们理解成轻松、愉快，可以寓教于乐的一件事。她们结合自己的特长、结合这个年龄段的学生的心理，用她们独有的表达方式——设计一副扑克牌，就完成了很有难度的科学知识的普及，而且还是“潜移默化”的。能够结合自己的特点、选择适合的表达方式培养、提高创新意识，这些正是我们校园科普课程的教学目标中的内容。所以说，在教学、活动中，最重要的就是激发和保护学生的学习积极性和主动性，他们的主动性和创造性才是最值得珍视的。

如果说，这个组的学生在构思这份作品的创意时更多是根据自己的特长和兴趣的话，那么在完成这份作品的过程中，她们经历、学会的东西更多，也更重要。开始时，学生认为这份作品完成起来不会太难，但在完成过程中，她们经历了许多意料之外的困难——绘画时的灵感枯竭、资料的繁杂冗长、信息筛选的艰难、订货厂家的毁约等。在面对困难时，五个小姑娘没有退缩，没有放弃，她们想方设法依靠自己的力量克服了接连不断的难题，按照自己的计划完成了任务。在这个过程中，她们明白，对艰苦的工作要有坚韧不拔的意志，完成一件任务需要团队的默契合作，完美的创意还需要踏实勤奋的工作才能实现。这样的阅历是她们最宝贵的财富。

（指导教师：刘瑾）

第二节 讨论及展望

在“校园科普”这门课上，学生经历了新颖的上课形式和与以往不同的评价方式，而任课教师经历了学习、探索的过程，体验了和学生一起做一件事的辛苦和快乐。经过三年多的探索与实践，“校园科普”这门课程已经逐渐成熟，但是也有一些问题需要得到进一步讨论，为今后课程的推广实施提供参考。

一、实践过程中遇到的一些困难

当然，“校园科普”这门课在开设的过程中也遇到过很多困难，希望得到支持。

（一）学生在参与过程中可能面临的问题

1. 对选题内容不感兴趣，缺乏参与的动力

现在的学生获取知识的渠道多种多样，他们了解的知识很多，兴趣点也是五花八门，许多社会热点问题往往对他们有着更强的吸引力。而现在校园科普中使用的选题所能涉及的领域和选题的数量都十分有限，不一定能包含他们最关注的热点。因此，会有部分学生缺乏参与活动的动力。

2. 有兴趣但投入的精力无法保证

校园科普作为一门以学生为主的活动课，需要学生在一学期选题完成过程的各阶段中投入相应的时间和精力。尤其是制作展板和演讲准备的最后阶段，这是整个校园科普非常关键的阶段，也是牵扯学生更多时间和精力的阶段。而往往这时候距离学期末比较近，学生的课业负担也就相对更重一些，在他们完成其他学科的任务之后，时间已经所剩无几，能投入校园科普中的时间和精力就更加难以保证。

（二）教师在教学过程中可能面临的问题

1. 对于学生使用参考资料科学性的判断

校园科普要让学生做科普，保证所有内容的科学性是前提。因此，学生在编写科普报道稿、制作展板和准备演讲的过程中使用到的参考资料都需要任课老师判断这些资料是否可信、是否科学和严谨。但担任校园科普教学工作的教师都是普通的中学教师，在中学任教已有一段时间，脱离高校或科研机构的时间较长，对相关领域的最新科研进展知之甚少，知识结构也相对较为陈旧。因此想要对学生引用的所有材料都做出科学性判断有较大难度。

2. 投入的时间和精力不够

校园科普这门课要能够可持续地发展下去并有新的拓展和提升，需要任课教师投入一定的精力去阅读大量的相关材料，钻研选题内容，针对不同班级学生的情况设计和完善课程环节。而目前的情况是没有专职教师担任校园科普教学工作，校园科普的授课教师除了校园科普以外，各自还要承担本学科（如生物、地理、物理等学科）繁重的教学任务，这样在校园科普这门课的研究和设计上就难以投入足够的精力，对这门课只能大概应付，要想使课程开设取得更大进展比较困难。

二、希望上级部门给予的支持

（一）提高对“校园科普”课程及任课教师的重视程度

我们认为，“校园科普”作为提升学生科学素养和培养学生综合能力的一门活动课，在培养学生科学素养、创新能力等多方面都有很重要的意义，但是这样一门非考试课程要想在学校开展下去，必须有学校各方面的大力支持。在人大附中，有刘校长的认可和支持，但同时在实施的过程中我们还需要学校其他领导和年级及班主任的大力支持，帮助我们进行宣传，提升课程的定位。此外，还需要有教师愿意从事这项利于提高全民科学素质的工作，尤其是有教师在本学科教学任务之余愿意拿出时间和精力认真做这件事。学校可以考虑在职称评定、授予荣誉称号和折算工作量方面对教师实行一定的管理激励，并促进年轻教师的发展。

（二）定期进行师资培训

担任校园科普教学任务的教师对于教学生做科普都是门外汉，边实践边摸索，显得不够专业。因此，这门课急需一些相关领域的专家对教师进行一些专业性的辅导，以提高教师的专业水平。另外，也需要校园科普的授课教师定期进行经验交流，听取其他教师在本课教学上的经验和教训，以实现校园科普教师队伍整体水平的提高。

（三）解决机房的使用问题

学生制作科普报道稿和制作 PPT 都需要在机房进行，我们的理念是让学生在课堂上完成任务，这样做既有利于教师与学生之间的沟通，也有利于学生之间的互相学习，因此保证上课的机房是至关重要的。刚开始因为机房协调不好，导致开学初的使用很紧张、尴尬，现在学校统一协调，给“校园科普”一个活动的固定场所就好多了。

三、为实现课程推广需要做的改进和设想

“校园科普”课程的实施方案是以人大附中现有的条件为背景设计的，其他学校可以根据自己学校的情况和条件作适当的调整和改进。

对于硬件条件不够的地区，不能保证每个学生有一台电脑，那么也可以利用各选题的“讲演文和条目”文本资源让学生手工制作科普报道稿和展板，利用展板讲解选题也是可行的。

再如为了解决学生选题单一的问题（全班一个选题），我们可以尝试把 8 个班的课集中排在某一天的下午同时进行，这样可以让学生有选择自己感兴趣的话题的机会。

另外课程从校内到校外的推广，也是我们今后需要思考的问题。学生历经一个学期对选题进行研究，制作出来的展板可以在适当的时候在居民区进行科普宣传，学生会感到自己做的事情很有意义，增强社会责任感。

总之，科普课程的最终目的是培养学生“关注科学、热爱科学、传播科学”的能力和素养，提高学生的社会责任感，因此我们不仅要在校内优化课程、改进教学，更要致力于将科普课程推广到更多学校。希望通过我们所做的尝试与努力，将来有越来越多的学校开设这样的科学课程，让每一个初中生都能享受到科学素质教育的权利！这门课程将来继续延伸到校外，形成浓厚的社会氛围，这样才能让一门课影响一代人。

跋

一路走过

两年的时间过得真快，在南201会议室立项时的研讨、在西藏大厦子课题集中开题、在人大附小的培训、在北大附小中小学教师的共同研讨、人大附中和人大附小科技类课程的衔接研讨、清华附中和人大附中科技类精品课程资源建设实践、一零一中学的调研、首师附中的课程建设研讨，还有杭州会议、天津会议，一件件，一幕幕，在本书即将出版之际，团队的工作又浮现在眼前。

“中小学创新人才的区域培养机制研究”是教育部基础教育课程教材发展中心承担的科技部项目“中小学科学探究学习与创新人才培养实验研究”（2009IM010300）的子课题。课题组以培养学生的创新能力为核心，在专题式科技教师培训、区域精品科技校本课程建设、小学中学衔接的科技课程开发、培养学生创新能力的课堂教学策略等方面开展了大量实践探索和行动研究，提出在区域层面建立中小学创新人才培养的资源共享和部门协作的机制模型，并提出开展以学生创新能力培养为核心的专题式教师培训模式和建议。人大附中校园科普课程精品课程资源建设是其中的一个子课题。

还记得，自2008年9月起“校园科普”课程成为人大附中初二年级的必修课，得到了王绶琯院士的全程指导、周琳老师和刘彭芝校长的大力支持。当时我担任人大附中的副校长，也是这项工作的具体负责人，我认为这门课程对于学生科学素养的提升非常有价值。这是一门全新的课程，我和张冬梅、范克科、孙欣、齐文静、韦小宁等六位老师组成一个学习、研究、上课实践的首批团队。我们整体规划了30课时的课程实施方案，在王老的指导下，充分准备了教学内容和学习资源，和年级组长、班主任沟通后就上课了。现在很多学生受益于这门课程，学校、家长、社会认可这门课程，但是回忆当年，课程的实施非常不易。张冬梅老师大病初愈，勇敢地承担任务，孙欣是个新教师，文静还没有毕业就加入我们的团队，小宁那么文弱却又执着。由于那时我承担的工作实在太多，白天根本没有时间研讨，记不清多少次我们的讨论是晚七点开始。我们仔细地讨论、提出每一项工作具体落实的措施、每一部分内容教学的策略，指导学生撰写科普报道稿，保证学生查阅的资料的科学性与广泛性，协调计算机教室的使用，辅导学生制作展板，展示学生的学习成果，辅导主持人等。大家是那么投入，辛苦着，快乐着！

2008 年 12 月 22 日，一个难忘的日子。那一天，上午我在北航附中、人大附中、北京教育学会、人大附中之间跑了几趟。下午，在综合楼四层、图书馆二层阶梯教室，第一轮“校园科普”课程学生学习成果分两组展示，王绶琯院士、田荷珍教授、尹冬冬教授、周琳老师等都来到现场，倾听、点评学生的学习成果，肯定、表扬、激励中也有中肯的建议。晚上五点半活动结束后，因为工作需要，我又返回北航附中，联想桥下西向东左拐弯的时候，我追尾了一辆新的宝马。那是我开车 10 年以来的第一次追尾，并被咆哮。很奇怪，路上拥堵，车很多，车速很慢，居然就追尾了，可能是脚下的劲儿没到位，更奇怪的是一向急脾气的我居然很镇定，不着急，不委屈，不吵架，打了几个电话，知道了处理的程序，请来了警察同志。填好表交给警察同志后，我又赶到北航附中，完成了当天需要完成的工作。当然，赔钱之后，元旦、春节期间宝马先生还记得问候一下我，可能我当时很惨吧！

我们团队就这样忙碌着，同时进行自己的学科教学、校园科普，一位老师一个班一个主题四个阶段完成科普报道稿、展板、报告会、校园科普日等展示活动，30 课时完成，至 2010 年 7 月，完成了四轮实践。也有更多的教师加入进来，如刘瑾、李文莉、李志刚等，教师也与学生共同成长起来！

好的课程就应该让更多的学生受益，随着课程实施的推进，我有了新的想法，其实也是王老的愿望，那就是让更多的学生可以学习“校园科普”课程。怎么做呢？当我承担“中小学创新人才的区域培养机制研究”课题时，机会来了。我们要在原有课程实践的基础上，深度开发、梳理、整合、建设精品课程资源，帮助教师理解这门课程的实质和内涵，把握教学内容和教学方式，有利于其他学校教师、学生共享这门课程的资源。

进一步征求了王老的意见之后，我们行动了。首先梳理前面四轮的工作、资料，从学生科学素养提升、创新能力提升的角度进一步确定“校园科普”课程的功能定位，研究、确定“校园科普”精品课程资源的要素。我们和李亦菲、陈颖、支瑶等老师共同讨论，从知识与技能、创新思维、创新人格三个方面明确创新能力，建立校园科普课程内容、实施方式和学生创新能力之间的联系。我和人大附中子课题组成员共同研讨，对精品课程资源的要素进行解读、分析，明确定位，结合每位教师的授课内容，边建设边实践，边实践边改进。

在校园科普精品课程资源建设阶段，又重复了开始实施时的很多场景，快下班时、下班后、周末的早晨常常是我们团队开始工作的时间。这项工作进行了一段时间后，2011 年 11 月 20 日，我又专门就精品课程资源建设的问题和王绶琯院士、周琳老师、张冬梅老师进行深入探讨，更加明确方向，聚焦重点工作，不断梳理、完善。在资源建设过程中，大家共同完善了课程内容，优化了教学设计，健全了评价机制，对课程进行了进一步的建设和实践。在课题进入结题阶段时，万丹、梁慧媛等老师又加入进来，他们给课题带来活力、朝气。

全新的项目，没有文献、成果可以借鉴，困难当然不少，但是团队成员经过不断深入思考、多维度的研讨，使我们的工作一步步向前推进。张冬梅老师的不急不躁、坚定，孙欣的认真投入，文静严密的逻辑思维，小宁的深入，刘瑾的积极加入，都给我留下了深刻的印象。还记得第一轮参加学习的王辛垚、赵子轩等同学的兴奋，他们把自己在课上学习到的知识传递给同班同学，更传递给大哥哥、大姐姐。面对第一次年级报告会上两位主持人的精彩表现，谁能想到会前准备时他们心情忐忑、注意力不够集中？看着学生的变化，只有两个字可以概括——“成长”。看着学生在学习校园科普课程的过程中成长起来，我心中充满欢乐。

就这样，我们一起走过几百个日日夜夜，有迷茫、纠结时的郁闷，有思路清晰、问题解决后的痛快、兴奋，我们的队伍不断壮大。最重要的是，“校园科普”课程在原有基础上更加完善、更加精致，精心建设的课程资源可以让更多的学生和老师分享。学生在“关注科学、热爱科学、传播科学”这个过程中发掘自己的潜能，为将来成为创新人才打下良好的基础。我们很高兴能为孩子们的成长做一些基础性的工作。

很高兴，《校园科普精品课程开发与指导——人大附中创新人才培养实践探索》这本书即将与读者见面，更多的学生可以分享这份宝贵资源，更多的老师可以共同研讨，进行智慧碰撞。再一次感谢王绶琯院士、周琳老师和刘彭芝校长的大力支持！感谢有宝华教授、付宜红教授的指导！感谢“校园科普”精品课程资源建设团队的每一位老师，还有宋占军、李杨、康爱军、杨航、裴晶晶等老师！感谢对“校园科普”精品课程资源建设提出改进建议的每一位专家、老师！感谢何成刚、曾莹老师的帮助！最后，要感谢我的先生和女儿！

罗　滨

2012 年 9 月 16 日凌晨于远大园

后　　记

“校园科普”课程在人大附中开设了四年，得到了王绶琯院士的全程指导以及刘彭芝校长等学校领导的大力支持，课程研发得以不断深入。在“‘校园科普’精品课程资源开发与实践”课题研究中，我们又得到北京市海淀区教师进修学校罗滨校长及陈颖老师和支瑶老师的精心指导和帮助，使得“校园科普”课程在原有基础上更加完善、更加精致。在《校园科普精品课程开发与指导——人大附中创新人才培养实践探索》这本书即将与读者见面的时候，我们要特别感谢王绶琯院士、周琳老师以及刘彭芝校长和王海玲副校长等学校领导的倾力支持，感谢罗滨校长的指导与帮助，感谢“校园科普”课程研发团队的每一位老师！本书编写人员包括：第一章——张冬梅、万丹、李文莉；第二章——陈颖、孙欣、梁慧媛、李杨；第三章——张冬梅、孙欣、刘瑾、韦小宁；第四章——齐文静、刘瑾、孙欣、韦小宁；第五章——张冬梅、杨航、裴晶晶。参加本书编写的还有范克科、李志刚、宋占军、康爱军。在此感谢对“校园科普”课程提出改进建议的每一位专家、领导和老师！

人大附中“校园科普”课程研发团队

2012年5月28日